CORRIDA DE RUA

INSTITUTO PHORTE EDUCAÇÃO
PHORTE EDITORA

Diretor-Presidente
Fabio Mazzonetto

Diretora Financeira
Vânia M. V. Mazzonetto

Editor-Executivo
Fabio Mazzonetto

Diretora Administrativa
Elizabeth Toscanelli

CONSELHO EDITORIAL

Educação Física
Francisco Navarro
José Irineu Gorla
Paulo Roberto de Oliveira
Reury Frank Bacurau
Roberto Simão
Sandra Matsudo

Educação
Marcos Neira
Neli Garcia

Fisioterapia
Paulo Valle

Nutrição
Vanessa Coutinho

Alexandre F. Machado e Alexandre Lopes Evangelista

CORRIDA DE RUA
Perguntas e respostas

São Paulo, 2014

Corrida de rua: perguntas e respostas
Copyright © 2014 by Phorte Editora

Rua Treze de Maio, 596
Bela Vista – São Paulo – SP
CEP: 01327-000
Tel./fax: (11) 3141-1033
Site: www.phorte.com.br
E-mail: phorte@phorte.com.br

Nenhuma parte deste livro pode ser reproduzida ou transmitida de qualquer forma, sem autorização prévia por escrito da Phorte Editora Ltda.

CIP-BRASIL. CATALOGAÇÃO NA PUBLICAÇÃO
SINDICATO NACIONAL DOS EDITORES DE LIVROS, RJ

M129c

Machado, Alexandre F.
Corrida de rua: perguntas e respostas / Alexandre F. Machado, Alexandre Lopes Evangelista. – 1. ed. – São Paulo : Phorte, 2014.
200 p. : il. ; 24 cm.

Inclui bibliografia
DVD
ISBN 978-85-7655-507-0

1. Corridas (Atletismo) – Treinamento. I. Evangelista, Alexandre Lopes. II. Título.

14-13433	CDD: 796.425
	CDU: 796.425

ph2280.1

Impresso no Brasil
Printed in Brazil

Este livro foi avaliado e aprovado pelo Conselho Editorial da Phorte Editora.
(www.phorte.com.br/conselho_editorial.php)

Dedicatória

Aos meus filhos, Matheus Alexandre, Ana Clara e Davi, que são a inspiração de todo o meu esforço e fonte interminável de minha energia.

À minha esposa, Ana Paula, pela infinita paciência e pelo companheirismo.

Alexandre F. Machado

A todos que, de uma maneira ou de outra, andam ao meu lado nesta jornada.

Alexandre Lopes Evangelista

Agradecimentos

A Deus, por estar presente em todas as horas de minha vida.

Aos que andam comigo de dia e de noite.

Ao meu pai, Beto; à minha mãe, Pepe; e ao meu irmão, Fábio.

A toda a família da Metodologia VO2PRO.

A todos os colaboradores desta obra e, em especial, ao meu irmão Sandro Santos, da VO2PRO.

Alexandre F. Machado

À minha filha. Com ela a palavra amor tomou outra forma, cujo real significado entendi: incondicional. Quando o filho vira pai, um ciclo fantástico se encerra e outro maravilhoso começa.

À minha esposa. Ela me deu equilíbrio e me mostrou uma verdade absoluta: a ciência NÃO explica tudo o que acontece ao nosso redor. Negra, obrigado pela paciência.

Ao meu pai. Ele me ensinou que a integridade não tem preço e que a honestidade deixa as noites de sono mais tranquilas. Demonstrou-me que o politicamente correto não é coisa de pessoas "caretas", e que devemos ter pena dos que acham a "lei da vantagem" necessária no cotidiano.

À minha mãe. Com ela aprendi que o amor e a paciência vencem qualquer obstáculo. Aprendi a ter fé e a nunca desistir.

À minha irmã. Foi ótimo crescer ao seu lado e partilhar todos os momentos bacanas a que apenas irmãos de sangue têm direito.

Aos alunos e professores que sempre me incentivaram a buscar o "algo mais".

Aos meus amigos... nos vemos em Aruanda quando o ciclo se encerrar.

Alexandre Lopes Evangelista

Apresentação

Entre um café e outro, nos intervalos das aulas de pós-graduação e também entre um curso e outro nos congressos, sempre acabávamos em um assunto: como poderíamos contribuir mais para os treinadores de corrida?

Modelos de planilhas, treinamento de força, treinamento funcional, treinamento de flexibilidade, entre outros, eram assuntos prediletos, sempre voltados para a corrida, é claro. Até que um dia começamos a trocar as dúvidas que mais ouvíamos pelo Brasil durante os cursos de corrida. Percebemos que muitas delas eram as mesmas e que os profissionais que trabalham com corrida pelo país necessitavam de um guia rápido para as principais dúvidas que surgem na beira da pista durante os treinos.

Esta obra foi realizada com muita seriedade e competência, e contou com o auxílio de colaboradores que possuem uma larga experiência prática e de intervenção científico-acadêmica em suas áreas.

Em vez de ser uma obra que, como receitas repetidas de um cardápio, apenas reproduz os conhecimentos sobre corrida, é, na verdade, uma coletânea de perguntas com respostas aplicadas à realidade do mercado. Apresentam-se aos leitores técnicas práticas para a intervenção do profissional que trabalha com a corrida.

Uma obra fundamental e indispensável, a que se pode recorrer com garantia de qualidade e segurança sobre as informações.

Boa leitura por estes quilômetros de conhecimento.

Os autores.

Prefácio

Esta obra traz em seu corpo temas que sempre chamaram a atenção dos profissionais envolvidos com o mundo da corrida de rua. Os professores Alexandre Evangelista e Alexandre Machado, além de possuírem experiência com corrida e ambiente de academia, conseguiram abordar, de forma simples e com ótimo embasamento científico, as principais dúvidas de treinadores e atletas da modalidade, o que propiciou a elaboração de uma obra com ótimo conteúdo de aplicação.

É de grande relevância a publicação de uma obra como esta, que trata de maneira prática dos pressupostos teóricos das ciências biológicas, do treinamento às manifestações de sua realização em ambiente esportivo. Parabenizo os autores pelo movimento que certamente este trabalho provocará no âmbito da aplicação do treinamento de corrida.

De forma inovadora, os autores trazem respostas para temas polêmicos da corrida de rua, como a hidratação em corredores, os tipos de calçados adequados para corrida e a utilização de suplementos esportivos.

Neste livro, os autores também apresentam alternativas de atividades para obesos, cardiopatas, hipertensos, diabéticos e idosos, o que possibilita a aplicação dos diferentes modelos de treinamento em vários segmentos na área da Ciência dos Esportes.

O conteúdo deste livro auxiliará os professores de Educação Física na elaboração mais consciente e precisa de suas planilhas de treinamento.

Professor Doutor Charles Ricardo Lopes
Doutor em Biodinâmica do Movimento Humano pela Universidade Estadual de Campinas

Sumário

1 Como combinar o treinamento de força e de flexibilidade para a melhora da *performance* do corredor? 15

2 Calçados de corrida: necessidade ou moda? 25

3 Quais os fatores a considerar na elaboração de um programa de treinamento para idosos corredores? 31

4 Quais as principais variáveis fisiológicas a considerar na preparação para os 42 km? 41

5 Suplementos esportivos: necessidade ou moda? 47

6 Qual o melhor método de treino para aumentar o condicionamento físico do corredor? E qual o melhor para emagrecer? 55

7 Quais as variáveis a considerar para aumentar o condicionamento e a resistência aeróbia em obesos interessados em começar um programa de corrida? 63

8 Correr 2, 3, 4, 5, 6 ou 7 dias por semana? Quais os prós e os contras? 69

9 Quais os fatores a considerar na elaboração de um programa de treinamento para mulheres corredoras? 75

10 Qual o melhor parâmetro de controle da intensidade do treinamento: FC ou *pace*? 79

11 Quais os fatores a considerar na elaboração de um programa de treinamento de corrida para cardíacos? 85

12 Quais os fatores a considerar na elaboração de um programa de treinamento de corrida para diabéticos? 91

13 Quais os fatores a considerar na elaboração de um programa de treinamento de corrida para hipertensos? 97

14 Qual a postura correta para a corrida? 103

15 Quais os modelos de periodização para corrida? E qual deles é mais apropriado para iniciantes, intermediários e avançados? 109

16 Quais os tipos de treino para corredores? 119

17 No treinamento de força na sala de musculação, quais os exercícios mais apropriados para corredores? E quais podem ser executados em ambiente *outdoor*? 127

18 Quais as lesões mais comuns em corredores e como evitá-las? 139

19 Como planejar a hidratação de um corredor? 155

Referências 183

1
Como combinar o treinamento de força e de flexibilidade para a melhora da *performance* do corredor?

Para entendermos a influência tanto do treinamento de força como do treinamento de flexibilidade na corrida, algumas variáveis devem ser consideradas em relação ao desempenho.

Dessa forma, a qualidade de desempenho apresentada por um corredor pode ser mensurada de três formas (Saunders et al., 2004; Bonacci et al., 2009):

- **Valor de VO₂máx**: neste caso, expresso de forma relativa, estando associado a quantos mililitros de oxigênio o indivíduo consome por quilo de peso corporal em um minuto (ml.kg.min⁻¹). Quanto maior for o valor de VO₂máx, teoricamente melhor será o desempenho em provas de longa duração. O consumo de oxigênio é altamente sensível ao treinamento, e pode melhorar bastante por meio da aplicação dos mais diversos métodos de treino (contínuos, variativos e intervalados).

Na Tabela 1.1 podemos encontrar alguns valores de referência para as mais diversas situações.

Tabela 1.1 – Valores normativos de consumo de oxigênio (VO_2máx) de acordo com o nível de condicionamento físico em atividades de *endurance*

Nível de desempenho	Valor de VO_2máx relativo
Corredores de alto nível	71 ml.kg.min^{-1}
Corredores recreativos	45-55 ml.kg.min^{-1}
Triatletas de alto nível	73 ml.kg.min^{-1}
Ciclistas recreativos	56 ml.kg.min^{-1}
Sedentários	39 ml.kg.min^{-1}

Fonte: adaptado de Billat et al., 2001; Millet et al., 2002; Malek et al., 2006; Olmedillas et al., 2011.

- **Limiar anaeróbio**: o limiar anaeróbio está relacionado ao ponto entre a produção e remoção de lactato (Powers e Howley, 2009). Segundo Ide, Lopes e Sarraipa (2010), o limiar anaeróbio pode ser dividido em:

  - Limiar ventilatório (L1): indica o início de uma maior participação do metabolismo anaeróbio por meio do aumento da intensidade. Nessa situação, o organismo ainda consegue dar conta da demanda fisiológica imposta pelo exercício.

  - Ponto de compensação respiratório (L2): detectado pelo aumento da hiperventilação no organismo quando atingimos determinadas intensidades. Nessa situação, a intensidade já é bastante alta e o metabolismo anaeróbio contribui cada vez mais para a formação de ATP. Como resultado, há a produção do lactato aumentando significativamente.

De forma geral, os limiares podem ser encontrados por um teste ergoespirométrico e representados por frequência cardíaca (Ide, Lopes e Sarraipa, 2010; Evangelista, 2010). Quanto maiores forem as frequências cardíacas de limiar, mais carga o indivíduo suportará e mais tardiamente entrará em fadiga.[1]

---

1 Para mais informações a respeito da prescrição do treinamento de corrida baseado nas frequências cardíacas de limiar, recomendamos a leitura de Evangelista (2010) e de Ide, Lopes e Sarraipa (2010).

- **Economia de corrida**: definida como a demanda energética necessária para se atingir e manter determinada velocidade de caráter submáximo. Corredores que possuem uma boa economia de corrida usam menos energia e, consequentemente, consomem menos oxigênio que corredores menos econômicos na mesma velocidade (Saunders et al., 2004).

Na Figura 1.1 são apresentados os fatores responsáveis pelo aumento na economia de corrida.

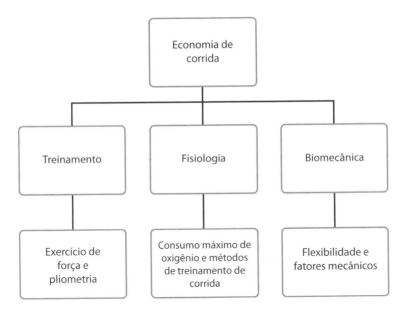

Figura 1.1 – Fatores de influência na economia de corrida.
Fonte: adaptado de Saunders et al., 2004.

Neste caso, como observado na Figura 1.1, o treinamento de força é de grande importância para otimizar a economia de corrida. Essa relação ocorre pelo aumento no recrutamento de unidades motoras, mesmo sem necessariamente ocasionar alterações significativas no consumo de oxigênio (Johnston, Quin e Kertzer, 1997).

Alguns dos benefícios bem conhecidos e bastante citados na literatura incluem ainda: diminuição do tempo de contato do pé com o solo, melhor aproveitamento da energia acumulada nos músculos, melhora na capacidade anaeróbia e aumento na passada dos corredores (Jung, 2003).

Sendo assim, a preocupação de que o treinamento de força deixaria o corredor lento não se justifica e não possui respaldo algum da literatura (Chatzopoulos et al., 2007). Ao contrário do que se pode imaginar, o treinamento de força deve ser aplicado como parte integrante na preparação de corredores em todos os níveis de condicionamento físico (Ferrauti, Bergermann e Fernandez-Fernandez, 2010).

Seguindo essa linha de pensamento, Evangelista (2010) define algumas regras para a aplicação do treinamento de força em corredores:

- Prescrição para iniciantes
  - Frequência: 2 vezes por semana.
  - Volume: 1 a 2 vezes, 10 a 15 repetições.
  - Intensidade: 60% a 70% de 1 RM.
  - Número de exercícios: de 6 a 8 (ou acima, dependendo do método a ser utilizado).
  - **Ênfase dos exercícios: MMII**.
- Prescrição para intermediários
  - Frequência: de 2 a 3 vezes por semana.
  - Volume: 2 a 3 vezes, 6 a 12 repetições (dependendo do objetivo).
  - Intensidade: 70% a 85% de 1 RM.
  - Número de exercícios: de 8 a 10 (ou acima, dependendo do método a ser utilizado).
  - **Ênfase dos exercícios: MMII**.
- Prescrição para avançados
  - Frequência: de 2 a 3 vezes por semana.
  - Volume: 3 a 4 vezes, 5 a 12 repetições.

- Intensidade: 30% a 90% de 1 RM (trabalhos de força explosiva podem ser aplicados).
- Número de exercícios: de acordo com o objetivo.
- **Ênfase dos exercícios: MMII**.

Além disso, Evangelista (2010) sugere que o treinamento de força seja inserido duas vezes por semana, com predomínio de trabalho em membros inferiores, sempre priorizando a intensidade em vez do volume (3 a 4 séries, 6 a 12 repetições, com cargas entre 75% e 85% de 1 RM).

> **O que oferece maiores vantagens em relação à influência do treinamento de força na economia de corrida? A intensidade ou o volume?**
>
> Para responder a essa pergunta, Taipale et al. (2010) selecionou 28 corredores recreativos com idade entre 24 e 45 anos que já tinham, pelo menos, uma meia maratona na bagagem, mas nunca haviam sido submetidos a qualquer tipo de treinamento de força.
> Os sujeitos foram divididos em três grupos, a saber:
> - Grupo 1: Treinamento de Força Máxima – 3 séries de 4 a 6 repetições com cargas entre 80-85% de 1 RM;
> - Grupo 2: Treinamento de Força Explosiva – 3 séries de 6 repetições com cargas entre 30% e 40% de 1 RM e movimentos rápidos tanto na fase excêntrica quanto na concêntrica.
> - Grupo 3: Treinamento de Resistência de Força – 3 séries de 40 a 50 segundos de duração utilizando o próprio peso corporal.
>
> O protocolo de treinamento teve oito semanas de duração e, ao final, os pesquisadores concluíram que o treinamento de força máxima foi o que apresentou os melhores resultados em relação tanto à economia quanto à velocidade de corrida.
> Dessa forma, os autores concluíram que mesmo corredores pouco experientes em relação à prática regular de treinamento com pesos podem se beneficiar desse tipo de intervenção. Vale lembrar que, anteriormente à aplicação dos protocolos citados, todos os participantes do estudo passaram seis semanas praticando exercícios com pesos, realizando 2 a 3 séries de 15 a 20 repetições com 70% de 1 RM.

Figura 1.2 – **Alongamento de tríceps sural (panturrilha).**

Já no que diz respeito à flexibilidade e sua relação com o desempenho na corrida, a literatura é bastante controversa. Witvrouw et al. (2004), em interessante estudo de revisão intitulado *Flexibilidade e risco de lesão: uma relação obscura*, relata que não existe corpo de evidências suficiente para alegar que a flexibilidade evita e previne o aparecimento de lesões, sejam elas articulares ou musculares.

Além disso, em esportes nos quais a complacência do fuso neuromuscular não é tão importante (caso da corrida, ciclismo e natação), o alongamento não oferece benefícios adicionais ao desempenho (Witvrouw et al. 2004).

Entretanto, em esportes de força e potência que exijam movimentos rápidos e amplos, a flexibilidade é importante. Nesse caso, os autores afirmam que músculos mais alongados fornecerão menos resistência (em razão da diminuição de ativação do fuso neuromuscular e aumento na complacência dos tecidos) e aproveitarão mais o armazenamento e a liberação de maior quantidade da energia elástica acumulada. Isso resultará em contrações mais eficientes e melhora da *performance*.

Safran, Seaber e Garrett Jr. (1989) explicam que, em uma situação na qual os tecidos são complacentes, mais energia pode ser absorvida pelos tendões, reduzindo, assim, o risco de trauma da musculatura. Mas, em situações em que existe pouca complacência dos tendões, a maior parte da força será transferida ao aparato muscular com pouca energia absorvida pelo tendão. Segundo os autores, esse mecanismo pode explicar, em parte, a associação feita entre baixa flexibilidade e aumento no risco de lesão.

Em situações nas quais o ciclo alongamento-encurtamento não é tão evidente (como na corrida ou ciclismo), o aparecimento de lesões não está necessariamente associado a um tendão mais ou menos complacente (Witvrouw et al., 2004). Nesse caso, parece que o volume de treino (ou até mesmo a intensidade) é o responsável pelo aparecimento de lesões, independentemente do nível de flexibilidade do corredor (Herzog, 2012; Nielsen et al., 2012).

Por fim, Jenkins e Beazell (2010) afirmam que, apesar de a literatura ser norteada por disparates e inconsistências metodológicas em relação aos benefícios da flexibilidade aplicada a corredores, a aplicação de exercícios de alongamento deve fazer parte de um programa de preparação para esses atletas, principalmente para aqueles que correm recreativamente.

Quanto aos benefícios do alongamento apontados por esses autores, podemos citar:

- redução do estresse do dia a dia no trabalho ou na vida social;
- diminuição dos efeitos da idade sobre os músculos;
- auxílio no combate à má postura.

O alongamento deve ser aplicado no aquecimento?

Para responder a essa pergunta, Evangelista, Ribeiro e Pizão (2007) analisaram 22 indivíduos saudáveis (homens e mulheres praticantes regulares de exercícios, com experiência de treino variada), que foram submetidos a duas intervenções distintas, com um período de descanso de 48 horas entre elas.

- Aquecimento de 20 minutos pedalando na bicicleta ergométrica a 60% da FCmáx, realizando, logo após, avaliação da flexibilidade da articulação do quadril por meio de um flexímetro (aparelho bastante utilizado para avaliação da flexibilidade), seguida de um teste máximo de força dos membros inferiores (Teste de 1RM).
- Sem aquecimento, realização apenas do teste de flexibilidade e do teste máximo de força para membros inferiores.

Resultado: o aquecimento prévio aumentou a força e ocasionou melhora da amplitude articular.

Conclusão: o exercício aeróbio por si só já fornece ganhos significativos em relação à amplitude articular. A aplicação da flexibilidade não se faz necessária no aquecimento. Ela é recomendada após o término da sessão de treino, na volta à calma.

Outra pergunta bastante comum é: como deve ser um treino de flexibilidade? Após reunir-se uma série de evidências da literatura, foi elaborada a Tabela 1.2.

Tabela 1.2 – Recomendações para o treinamento de flexibilidade

Variáveis	Recomendações
Dias da semana	2 a 3 vezes por semana
Duração da sessão	20 a 60 minutos
Número de exercícios por grupamento muscular	1 a 3
Duração do alongamento (métodos passivos)	10 a 60 segundos (os melhores resultados foram obtidos com 30 segundos)
Séries por grupamento muscular	2 a 4

Fonte: adaptado de ACSM, 2000; Monteiro, 2006; Achour Junior, 2006; Evangelista, 2010.

2
Calçados de corrida: necessidade ou moda?

Calçados de corrida: necessidade ou moda?

Os seres humanos correram descalços por milhares e milhares de anos para caçar, deslocar-se ou, até mesmo, em suas horas de lazer. E, nos últimos anos, o interesse em retomar esse velho hábito ressurgiu.

Apesar de sabermos que, até o momento, existem poucas evidências científicas sobre o assunto, os defensores da "corrida sem tênis" argumentam que correr descalço é mais vantajoso que correr calçado (Divert et al., 2008). Além disso, afirmam que os tênis de corrida encontrados no mercado hoje em dia podem, na verdade, aumentar o risco de lesão (Clinghan et al., 2008).

Levando em consideração que até 1970 não existiam os modernos tênis com seus sistemas de amortecimento ou correção de pisada e que grande parte dos atletas corria descalço ou com mínima proteção (Lieberman, 2012), haverá muito que pensar antes de gastar fortunas com calçados esportivos.

Outro fator a se considerar são os números. Apesar de toda a propaganda feita pelas grandes empresas de calçados esportivos em relação aos sistemas de amortecimento, os índices de lesão entre os corredores ainda atingem impressionantes marcas de até 70% (Van Gent et al., 2007).

Em um interessante estudo de revisão, Richards, Magin e Callister (2009) tinham por objetivo descobrir se a indicação de tênis de corrida é realmente baseada em evidências ou é obra do acaso.

O estudo, elaborado após revisão nos principais bancos de dados científicos do mundo e que levou em consideração todos os trabalhos publicados sobre o assunto desde 1950 até 2007, concluiu que a recomendação do tipo de tênis ideal, tanto para corredores de alto nível quanto para os "atletas de final de semana", não é baseada em evidências científicas, e que os atuais *guidelines* para o tipo ideal de calçado continuam a ser produzidos de forma equivocada, sem qualquer suporte científico.

Esse trabalho vai além ao apontar que o sistema de amortecimento dos tênis que estão dominando o mercado de corridas hoje em dia diminui a propriocepção e pode, na verdade, aumentar o risco de lesão (Richards, Magin e Callister, 2009).

Já em relação ao controle da pisada (pronada), os referidos autores não encontraram evidências que dessem suporte à utilização desse tipo de tênis. Não foram encontradas diferenças em relação ao índice de lesões entre tênis com correção de pisada e sem correção de pisada.

Stacoff et al. (2001) também tiveram por objetivo mensurar a influência do calçado na cinemática de corrida, na tíbia e no calcâneo durante a atividade. Os indivíduos que participaram do estudo utilizaram três tipos diferentes de sola de calçado (alongada, neutra e arredondada), com objetivo de correção da pisada. Além de não encontrarem diferenças significativas entre as três situações, os autores concluíram que cada indivíduo tem seu tipo de pisada e que o formato da sola do tênis não é capaz de mudar essa característica individual.

Outro estudo, desenvolvido por Clinghan et al. (2008), cujo objetivo foi determinar se marcas de tênis mais caros realmente promovem melhor amortecimento e se são mais confortáveis que marcas mais baratas e acessíveis, realizou a análise da pressão plantar e da percepção de conforto de 43 homens que, para tanto, caminharam e correram.

Os pesquisadores trabalharam com três tipos de tênis, de diferentes faixas de preço: baixo custo (de 40 a 45 euros), médio custo (de 60 a 65 euros) e alto custo (de 70 a 75 euros). Os corredores experimentaram os três modelos sem saber, entretanto, com qual estavam correndo.

Os resultados demonstraram que os tênis de baixo e médio custo obtiveram o mesmo nível de amortecimento e conforto (senão melhor) que os de alto custo. Sendo assim, os autores chegaram à conclusão de que a sensação de conforto é subjetiva e baseada em preferências individuais, e não está relacionada, necessariamente, à distribuição da pressão plantar ou ao custo (Clinghan et al., 2008).

Além disso, Divert et al. (2008) afirmam que alguns tênis de corrida, em razão de seu sistema de amortecimento, podem, na verdade, diminuir a capacidade de armazenamento e restituição elástica da energia em músculos e tendões, o que deixaria o indivíduo mais lento e menos eficiente.

Outro fator a se considerar é o peso do calçado esportivo. Frederick (1984), por exemplo, relata que uma carga adicional de apenas 100 g por pé é capaz de aumentar em 1% o custo metabólico da corrida.

Martin (1985) também aponta que a adição de 500 g aos pés durante corridas submáximas eleva o consumo de oxigênio, por causa da maior demanda fisiológica ocasionada pelo aumento no trabalho mecânico.

Por fim, Lieberman (2012) aponta três fatores importantes que podem ser relevantes quando associamos calçados esportivos à lesão:

- O tênis de corrida diminui a propriocepção. Quando corremos descalços, tanto a estabilização quanto a propriocepção plantar são favorecidas. Essa situação, por sua vez, pode evitar lesões (Jenkins e Cauthon, 2010).
- Os modernos tênis de corrida, com seus sistemas de amortecimento que mantêm a região dos calcanhares elevada e dão suporte para o arco plantar, podem modificar o padrão da pisada e aumentar o risco de lesão.

- A utilização excessiva de calçados durante a fase de crescimento favorece o desenvolvimento de um "pé fraco", que tem como característica baixa flexibilidade e menor controle de pisada para evitar pronações excessivas (Lieberman, 2012).

Essa informação é de grande importância, uma vez que, segundo Willems et al. (2007), pronação excessiva e baixa flexibilidade podem aumentar o risco de lesão em corredores.

Dessa forma, podemos concluir que:

- o uso de calçados esportivos precisa ser revisto;
- as recomendações atuais não são baseadas em evidências científicas;
- os calçados mais caros não são, necessariamente, os melhores, uma vez que a sensação de conforto é individual;
- a utilização de tênis de corrida pode alterar o padrão da pisada e diminuir a propriocepção, fatores que aumentam o risco de lesão;
- todas as informações aqui descritas devem ser interpretadas com cuidado, visto que outras variáveis também podem estar envolvidas com lesões durante a prática da corrida, como volume, frequência semanal e intensidade (Nielsen et al., 2012).

3

Quais os fatores a considerar na elaboração de um programa de treinamento para idosos corredores?

Quais os fatores a considerar na elaboração de um programa de treinamento para idosos corredores?

Antes de essa pergunta ser respondida, é preciso saber quais são as alterações fisiológicas decorrentes da idade que acometem o idoso e podem diminuir substancialmente suas condições físicas. Essas alterações, por sua vez, devem ser consideradas na elaboração de um programa de corrida.

Considerando-se que a proporção de indivíduos acima de 65 anos vem aumentando exponencialmente tanto nos países industrializados como nos países em desenvolvimento, essas informações são de vital importância, uma vez que, somente na Inglaterra, espera-se um aumento de 50% no número de pessoas com idade entre 80 e 90 anos até 2050 (Hollmanna et al., 2007).

No Brasil, o número de pessoas acima de 60 anos em 1995 era de 7,8 milhões. Até 2020, esse número aumentará 16 vezes (Matsudo, 2001), e as mulheres brasileiras possuem expectativa de vida que ultrapassa os 78 anos (Matsudo, 2001).

Melhor controle de doenças infectocontagiosas, melhora no serviço de saneamento básico e aumento da eficácia de terapias medicamentosas são os principais fatores que contribuem para um aumento da expectativa de vida (OMS, 1997).

Uma má alimentação e um estilo de vida sedentário podem diminuir tanto a expectativa quanto a qualidade de vida (Spirduso, 2005), de tal sorte que se calcula que, somente nos EUA, a inatividade física seja responsável por aproximadamente 250.000 mortes por ano (Booth et al., 2000).

Com a associação entre idade avançada e inatividade física, ocorre aumento da resistência à insulina e diminuição na atividade da lipoproteína lípase na musculatura esquelética, o que leva ao aparecimento de doenças crônicas – como a diabetes tipo II, hipertensão, insuficiência cardíaca e obesidade (Hollmanna et al., 2007).

De opinião semelhante, Musaiger e Al-hazzaa (2012) apontam que as doenças cardiovasculares, a diabetes tipo II, a síndrome metabólica, a obesidade, o câncer e a osteoporose têm sido responsáveis pelas principais causas de morbidade e mortalidade associadas ao envelhecimento.

A taxa estimada de mortalidade em razão de doenças cardiovasculares, por exemplo, atinge de 179,8 a 765,2 pessoas em cada 100.000, com as maiores taxas entre os países mais pobres. A síndrome metabólica também apresenta altas taxas (entre 19% e 45% da população), assim como a obesidade (diagnosticada entre 25% e 82% da população mundial).

Se associarmos isso à diminuição das funções pulmonar e cardiovascular, o risco relativo de morte aumenta em até cinco vezes (Spirduso, 2005).

No Quadro 3.1 podem-se visualizar as principais alterações, tanto da função pulmonar quanto da cardiovascular, ocasionadas pelo envelhecimento.

Quadro 3.1 – Alterações cardiovasculares e pulmonares ocasionadas pelo envelhecimento

Alterações cardiovasculares	Alterações pulmonares
Diminuição do débito cardíaco	Redução da ventilação, difusão e perfusão
Diminuição de capilarização da musculatura esquelética	Diminuição da capacidade vital forçada (de 4% a 5% por década de vida)

Continua

Continuação

Alterações cardiovasculares	Alterações pulmonares
Diminuição na taxa de enchimento ventricular esquerdo e hipertrofia ventricular esquerda	Aumento no custo da respiração de 3% a 5% por ano após os 60/65 anos
Aumento na pressão arterial de repouso	–

Fonte: adaptado de Spirduso, 2005; Matsudo, 2001; Hollmanna et al., 2007.

A capacidade aeróbia também sofre reduções significativas com a idade. Ela, segundo Åstrand e Rodahl (1986), é a aptidão do sistema cardiopulmonar para oferecer sangue e oxigênio aos músculos ativos, e desses músculos para utilizar o oxigênio e os substratos energéticos para realizar trabalho durante esforço físico máximo.

Tal capacidade pode ser medida pelo consumo de oxigênio tanto de forma absoluta (litros de oxigênio por minuto [$l.min^{-1}$]) quanto de forma relativa (mililitro de oxigênio por quilograma de peso corporal por minuto [$ml.kg.min^{-1}$]) (Spirduso, 2005).

O treinamento de corrida, embora não possa evitar uma perda do consumo de oxigênio, pode alterar substancialmente seus níveis globais. Estudos longitudinais que submeteram idosos a programas regulares de exercícios aeróbios demonstraram que se pode retardar e até mesmo reverter processos deteriorantes oriundos do envelhecimento (Spirduso, 2005; Matsudo, 2001; Farinatti, 2008).

Hoje em dia, sabe-se que a capacidade aeróbia das pessoas com mais de 50 anos de idade que praticam atividade física é 20% a 30% maior que a de adultos jovens inativos (Farinatti, 2008).

Outro fator de importância a ser considerado é que o treinamento aeróbio parece diminuir a pressão arterial da mesma maneira no idoso e no adulto jovem hipertensos (Hagberg et al., 1993), embora nenhum estudo tenha verificado diretamente essa questão. Uma pesquisa realizada com idosos hipertensos registrou que o treinamento a 50% do $VO_2máx$ promove diminuição na pressão arterial igual ou maior que o treinamento a 70% (Hagberg et al., 1989). Em outro estudo com idosos hipertensos, o treinamento com 40% até 50% do $VO_2máx$ reduziu a pressão arterial; contudo, em subsequente treinamento com 50% até

60% do VO$_2$máx a pressão arterial reduziu pouco (Seals e Reiling, 1991). Portanto, parece que o treinamento de intensidade leve a moderada é efetivo para reduzir a pressão arterial em indivíduos idosos hipertensos.

Qual a influência da idade no desempenho de *endurance*?

Para responder a essa pergunta, Lepers e Stapley (2011) analisaram as mudanças do nadar, do pedalar e do correr relacionadas à idade em duas modalidades: triatlo *off-road* (1,5 km de nado, 30 km de *mountain bike* e 11 km de trilhas) e triatlo na estrada (1,5 km de nado, 40 km de pedalada e 10 km de corrida).

O trabalho estudou as mudanças no desempenho de triatletas amadores do sexo masculino das categorias de 20 a 24 anos até de 65 a 69 anos. Os resultados podem ser visualizados nos gráficos a seguir:

Gráfico 3.1 – *Performance* **na natação** *versus* **idade**

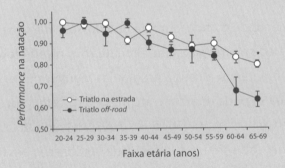

Gráfico 3.2 – *Performance* **no ciclismo** *versus* **idade**

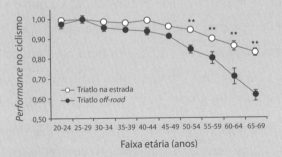

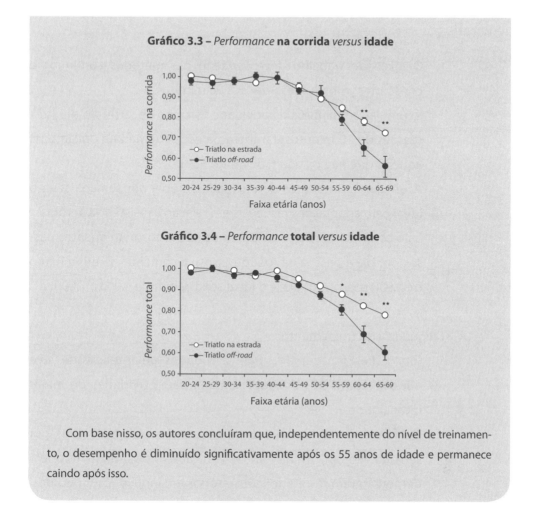

Gráfico 3.3 – *Performance* **na corrida** *versus* **idade**

Gráfico 3.4 – *Performance* **total** *versus* **idade**

Com base nisso, os autores concluíram que, independentemente do nível de treinamento, o desempenho é diminuído significativamente após os 55 anos de idade e permanece caindo após isso.

Apesar desses dados, deve-se fazer a seguinte pergunta: quais são as principais variáveis a considerar em um programa de corrida aplicado ao idoso? Segundo Farinatti (2008) e ACSM (2011), são:

- Tipo de atividade:
  - Deve abranger grandes massas musculares exercitadas de forma cíclica e contínua (como é o caso da corrida), com ênfase no metabolismo aeróbio.
  - Dar ênfase a caminhadas, utilizando o treinamento intervalado (de baixa intensidade para idosos iniciantes).

- Duração do esforço:
  - O início do trabalho deve ser feito por métodos contínuos e constantes, com duração de 15 a 60 minutos.
  - Acumular 30 minutos de atividade física no decorrer do dia (três sessões de 10 minutos) também parece ser uma boa opção para aqueles que não dispõem de muito tempo.
  - Acumular 150 minutos de atividade aeróbia por semana seria o ideal para adaptações razoáveis em relação à resistência aeróbia.
  - Se o controle for feito por aparelhos que mensuram quantos passos por dia a pessoa dá (pedômetros), recomenda-se um mínimo de 2.000 passos por dia, e o ideal seria atingir de 5.000 a 7.000.

- Frequência do treinamento:
  - Cinco dias por semana para atividades de intensidade leve a moderada e três dias por semana para atividades de maior intensidade.
  - De forma geral, recomenda-se um mínimo de três vezes por semana. Porém, treinamentos realizados duas vezes também demonstraram resultados satisfatórios em indivíduos muito descondicionados.

- Intensidade do esforço, cujo controle pode ser feito por:
  - Fórmulas de frequência cardíaca:
    - 220 - idade
    - 208 - (0,7 x idade)
    - $FC_{repouso} + [(percentual\ de\ trabalho) \times (FCM - FC_{repouso})]$
    - $FCM = 208,75 - (0,73 \times idade)$
  - Porcentagem do $VO_2máx$
  - Escalas de percepção subjetiva de esforço (PSE).

Vale lembrar que todos os métodos de controle da intensidade podem sofrer limitações decorrentes da idade ou de terapias medicamentosas. Calcula-se, por exemplo, que, ao utilizarmos a fórmula de *220 - idade* em idosos, a intensidade do trabalho seja subestimada (Tanaka, Monahan e Seals, 2001), e o processo adaptativo, prejudicado.

Em relação às terapias medicamentosas, o uso de betabloqueadores também comprometeria bastante a prescrição segundo fórmulas ou zonas-alvo de intensidade baseadas em frequência cardíaca. Nesse caso, o uso de escalas de percepção subjetiva de esforço parece ser uma opção viável e bastante prática (Evangelista, 2010). Na Figura 3.1, podemos encontrar um exemplo da escala de OMNI.

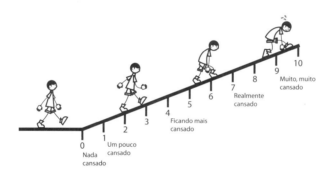

Figura 3.1 – Escala de OMNI.

- Métodos de treino:
    - Métodos contínuos: têm por objetivo trabalhar com as adaptações iniciais do condicionamento, além de aumentar a capilarização e os estoques de glicogênio nos músculos. São caracterizados por maior ênfase no volume e menor na intensidade, sendo bastante aplicados em idosos por serem agradáveis e mais fáceis de suportar.
    - Métodos intervalados: têm por objetivo o desenvolvimento e o aprimoramento da resistência (tanto aeróbia quanto anaeróbia) e por função ocasionar a quebra da estabilidade do praticante; por esse motivo, devem ser aplicados com cautela nos idosos. De forma

geral, entretanto, a utilização desse método é bastante segura se os intervalos de recuperação forem suficientes para permitir uma boa regeneração do idoso e os estímulos não ultrapassarem valores entre 7 e 8 em escalas de percepção subjetiva de esforço (escala de OMNI).

- Método variativo: um método que pode trabalhar tanto com o volume quanto com a intensidade. Por se tratar de um método que simula as caminhadas relacionadas às atividades da vida diária (ir à padaria, ao mercado, deslocar-se na rua etc.), é bastante interessante de ser aplicado.

Por fim, a Tabela 3.1 demonstra como organizar as variáveis aqui descritas no treinamento aeróbio para idosos corredores. É importante lembrar também que, antes de iniciar qualquer tipo de exercício físico, o idoso deve passar por uma avaliação clínica e física e ter liberação médica.

Tabela 3.1 – Variáveis relacionadas ao treinamento de idosos

Intensidade	FCM (220 - idade)	VO_2máx	PSE	Duração	Objetivo	Método recomendado
Baixa	40% a 60%	Até 40%	4	15 a 30 min	Adaptação	Contínuo
Baixa/ moderada	50% a 60%	Até 50%	5-6	Mais de 30 min	Adaptação	Contínuo
Moderada/ alta	60% a 70%	50% a 60%	6-7	Até 60 min	Condicionamento	Contínuo/ variativo
Alta	70% a 80%	60% a 75%	7-8	8 a 30 min	Condicionamento	Intervalado/ variativo
Alta	80% a 90%	75% a 85%	8-9	10 a 15 min	Competição	Intervalado

Fonte: adaptada de Spirduso, 2005.

4

Quais as principais variáveis fisiológicas a considerar na preparação para os 42 km?

Quais as principais variáveis fisiológicas a considerar na preparação para os 42 km?   43

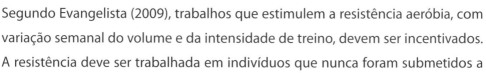

Segundo Evangelista (2009), trabalhos que estimulem a resistência aeróbia, com variação semanal do volume e da intensidade de treino, devem ser incentivados. A resistência deve ser trabalhada em indivíduos que nunca foram submetidos a treinamentos frequentes de força. Já em indivíduos habituados com o treinamento resistido, a força máxima deve ser estimulada (Jung, 2003).

Do ponto de vista energético, Bompa (2002) afirma que o metabolismo aeróbio é responsável por, aproximadamente, 95% da produção de energia durante a prova.

Billat et al. (2001), após analisarem as diferenças fisiológicas e de treinamento no desempenho de maratonistas treinados *versus* maratonistas de elite (*top class*), alegam que existem outras diversas variáveis a se considerar no treinamento para preparar um corredor a enfrentar uma maratona:

- Volume de treino: maratonistas de elite treinam, em média, 206 km por semana, mantendo frequência semanal de 13 sessões. Já indivíduos fisicamente ativos (mas com boa experiência em provas desse

 Corrida de rua

tipo) correm uma média de 168 km semanais, com 11 sessões de treino por semana. Evangelista (2009) afirma ainda que indivíduos que estão se preparando para disputar sua primeira maratona podem ter um volume de treino e frequência semanal mais baixa. O autor recomenda volumes semanais entre 80 e 100 km distribuídos em cinco vezes por semana.

- Intensidade de treino: tanto maratonistas de elite quanto os treinados correm 18% da distância semanal total acima da velocidade da maratona, 4% na velocidade da maratona e 78% abaixo dela. Além disso, treinos com tiros de 3.000 e 10.000 metros são realizados duas vezes durante a semana.
- Sexo: maratonistas do sexo feminino normalmente treinam com menores intensidades que suas contrapartes masculinas, além de atingirem menores volumes semanais (166 km *versus* 206 km dos maratonistas do sexo masculino). A frequência semanal também é menor, e maratonistas do sexo masculino treinam uma vez a mais por semana, em média. Contudo, nas 12 semanas que antecedem a prova, independentemente do sexo, a intensidade do treino é sempre abaixo da exigida durante a prova.

Loftin et al. (2007), após analisarem as variáveis fisiológicas de maratonistas moderadamente treinados, também chegaram a resultados interessantes, que são apresentados na Tabela 4.1.

Tabela 4.1 – Características fisiológicas de maratonistas do sexo masculino (n=10) e feminino (n=10) moderadamente treinados

Variáveis	Masculino (média±DP)	Feminino (média±DP)
VO_2máx (ml.kg^{-1}.min^{-1})	52,6 ± 5,5	41,9 ± 6,6
Tempo de prova (min)	220 ± 33,2	262 ± 37,1

Continua

Continuação

Variáveis	Masculino (média±DP)	Feminino (média±DP)
Gasto calórico estimado (kcal)	2.791,8 ± 235,3	2.435,8 ± 297,2
Gasto calórico por quilômetro (kcal·km⁻¹)	66,3 ± 4,8	56,9 ± 4,7
% VO_2máx durante a prova	67,8 ± 25,5	76,8 ± 10,4
Volume de treino por semana	63,5 ± 25,5	55,0 ± 29,4

Outra variável interessante citada no trabalho é a influência da massa corporal. No geral, homens e mulheres com maior massa atingem menor velocidade, além de gastarem mais calorias (Loftin et al., 2007).

5

Suplementos esportivos: necessidade ou moda?

Muitas são as lendas que norteiam a necessidade de suplementação para corredores que competem em provas das mais diversas distâncias. Segundo Evangelista (2009), as recomendações de suplementação devem ser baseadas no tipo de prova a ser disputada. A seguir, as principais orientações:

- Nutrição aplicada às corridas de 5 km e 10 km: nesse tipo de prova não há necessidade de fazer uma dieta de supercompensação, uma vez que o desgaste não é tão intenso quanto o das provas com maior distância. Aumentar o consumo de carboidrato no dia anterior de 200 a 400 kcal; no dia da corrida, beber 500 ml de água gelada cerca de 6 horas antes da prova; fazer uma refeição rica em carboidrato, hipolipídica e hipoproteica. A hidratação é importante: consumir de 150 a 200 ml de água a cada 15 ou 20 minutos de corrida e ingerir uma solução de carboidrato de 5% a 6% e água gelada até o término da prova. Terminada esta, fazer uma refeição completa e beber bastante água. Dependendo da temperatura, poderá haver necessidade de suplementação de eletrólitos (Coyle et al., 1988).

- Nutrição aplicada às corridas de meia maratona e maratona: as provas de *endurance* são, sem dúvida, uma das competições esportivas mais exigentes em termos de desgaste muscular, fisiológico e psicológico. Completá-las é, para qualquer atleta, um desafio emocionante, mas que implica uma excelente condição física e psicológica, enorme força de vontade, preparação longa e muito rigorosa e grande perseverança ao longo dos meses de preparação. Por isso, um planejamento cuidadoso da alimentação deve ser priorizado.

A seguir, são listadas algumas dicas nutricionais para diferentes fases desse processo (McArdle, Katch e Katch, 1996). Vale lembrar que o profissional mais competente para garantir uma preparação segura, do ponto de vista nutricional, é o nutricionista.

Quadro 5.1 – Recomendações nutricionais e corrida

Tipo de prova	Recomendação
5 km	Apenas líquidos (200 ml de água) a cada 15 ou 20 minutos.
10 km	Ingerir líquidos e carboidratos. Se a prova ultrapassar 1 hora, ingerir carboidratos; essa reposição pode acontecer na forma de géis ou bebidas esportivas a cada 30 ou 40 minutos.
Meia maratona e maratona	Além da suplementação já citada, consumir também eletrólitos a cada 30 ou 40 minutos de prova.

Além dessas recomendações gerais, existem na literatura diversos trabalhos que abordam as principais estratégias de suplementação e seus efeitos no desempenho e na recuperação de corredores. A seguir, são apresentados os principais conceitos científicos do tema em questão:

- Carboidratos: o uso de carboidratos (CHO) é bem conhecido na literatura e sua utilização está associada à melhora da *performance* em corredores por meio de mecanismos de manutenção da glicemia para retardo da fadiga. Estudos recentes vêm demonstrando que a ingestão de CHO pode estar associada também a ativações em áreas específicas do cérebro relacionadas à motivação, o que torna seu uso uma excelente ferramenta nutricional (Painelli, Nicastro e Lancha Jr., 2010). O Quadro 5.2 resume os principais trabalhos da literatura em relação aos efeitos da ingestão de CHO no desempenho em provas de *endurance*.

Quadro 5.2 – Ingestão de CHO e desempenho no *endurance*

Referência	Atividade	Protocolo de ingestão	Resultados no desempenho
Whitham & McKinney (2007)	45 minutos de corrida em ritmo individual	6% de maltodextrina (220 ml) antes e a cada 6 minutos	Sem diferença significativa
Rollo et al. (2008)	Corrida – 10 minutos a 60% do VO_2máx – 30 minutos em alta intensidade (15 na escala de Borg)	6% de glicose (25 ml) antes e a cada 5 minutos	Melhora de 1,7% na distância percorrida
Pottier et al. (2010)	60 minutos pedalando a 75% da potência máxima	6% de CHO (1,5 ml por quilograma antes e a cada 12,5% do percurso realizado	Melhora na potência e de 3,3% na distância percorrida

Fonte: adaptado de Painelli, Nicastro e Lancha, 2010.

- Vitamina E: nos últimos anos, têm surgido hipóteses de que os radicais livres produzidos pelo exercício podem responder, em parte, pelas microlesões nas fibras musculares. Assim, modelos animais que utilizaram vitamina E durante exercícios de *endurance* demonstraram a eficácia dessa forma de suplementação contra microlesões musculares devido a menores concentrações da creatina cinase (CK)

(Ikesawa, Nishikimi e Oba, 1993b). Buchanan et al. (1999) também demonstraram os efeitos positivos da vitamina E em relação à diminuição na frequência de sintomas gastrointestinais durante e após a prova em maratonistas. Para tanto, os pesquisadores suplementaram 40 corredores com 1.000 IU de vitamina E duas semanas antes da maratona de Houston. Como aproximadamente 25% a 40% dos maratonistas apresentam cãibras abdominais ou diarreia, essa informação é de grande interesse (Payne e Kubes, 1993). No entanto, esses dados não são consenso e ainda carecem de maiores pesquisas para que a suplementação da vitamina E seja recomendada em provas de *endurance*, como a maratona (Dawson et al., 2002).

- *Ginseng*: erva medicinal utilizada há mais de 2.000 anos, largamente aplicada para tratamento do estresse, melhora do bem-estar e diminuição da fadiga (Bahrke e Morgan, 2000). De fato, estudos demonstraram que a suplementação com *ginseng* vermelho possui papel protetor em relação à musculatura durante exercícios de longa duração (Zainuddin et al., 2005). Exercícios extenuantes que envolvam contrações excêntricas ou realizados em subidas (como é o caso da corrida de rua) podem causar danos teciduais, liberando, dessa forma, a CK e a interleucina 6 (IL-6) (Del Aguila et al., 2000). Tanto a CK quanto a IL-6 são marcadores de lesão do tecido muscular, principalmente durante ações excêntricas (Minetto et al., 2005). No caso da CK, seu pico ocorre de dois a quatro dias após o exercício. Jung et al. (1999) analisaram os efeitos do *ginseng* vermelho e sua influência no processo inflamatório e no dano muscular. Para tanto, os autores suplementaram nove corredores universitários do sexo masculino com 20 g/dia de *ginseng* combinado com 200 ml de água, três vezes por semana, durante sete dias. Após esse período, eles foram submetidos a duas séries de 45 minutos em esteira com 15% de inclinação, a 10 km/h, e 5 minutos de intervalo entre as séries. Os níveis plasmáticos de IL-6 e CK foram analisados 2, 3, 24, 48, 72 e 96 horas após a sessão de treino. Para avaliar a sensibilidade à insulina, os pesquisadores também realizaram o teste oral de tolerância à glicose 24 horas após o exercício. Os resultados podem ser visualizados nos Gráficos 5.1 e 5.2.

Gráfico 5.1 – Níveis plasmáticos de creatina cinase (CK) no grupo de *ginseng* vermelho (RG) *versus* placebo (P)

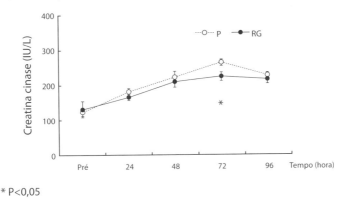

* $P<0,05$

Gráfico 5.2 – Níveis plasmáticos de interleucina 6 (IL-6) no grupo de *ginseng* vermelho (RG) e placebo (P)

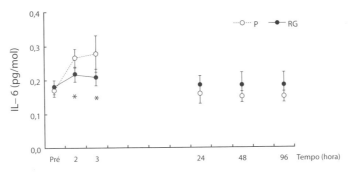

De forma geral, de posse dos resultados apresentados nos Gráficos 5.1 e 5.2, os autores chegaram à conclusão de que a suplementação com *ginseng* vermelho atenua a lesão tecidual e os processos inflamatórios após corrida de alta intensidade em esteira.

- Leucina: a leucina, assim como a valina e a isoleucina ou aminoácidos de cadeia ramificada (BCAA), representa aproximadamente um terço das proteínas musculares. Entre os três, a leucina é a que mais foi estudada até o momento, em virtude de seu papel na gliconeogênese (Mero, 1999). Estudos demonstram que o consumo de BCAA com 30% a 35% de leucina, utilizada antes e após a corrida, pode prevenir ou diminuir a degradação proteica, além de aumentar o desempenho tanto mental quanto físico pela diminuição na degradação e depleção do glicogênio muscular (Blomstrand e Newsholme, 1992).

Quando maratonistas e corredores de *cross-country* foram suplementados com 12 g (leucina 35%, valina 40% e isoleucina 25%) e com 7,5 g (leucina 35%, valina 50% e isoleucina 15%) de BCAA, respectivamente, houve redução da degradação proteica normalmente encontrada em exercícios de *endurance* de alta intensidade (Blomstrand e Newsholme, 1992).

Já em relação a estímulos anaeróbios láticos (tiros de 200 e 400 metros), a suplementação de 200 mg/kg de peso corporal, 50 minutos antes das séries, parece não surtir efeito no desempenho (Mero, 1999).

6

Qual o melhor método de treino para aumentar o condicionamento físico do corredor? E qual o melhor para emagrecer?

O treinamento de *endurance* (ou de resistência) leva a inúmeras alterações fisiológicas em relação aos processos adaptativos. Melhora do transporte de oxigênio, diminuição do percentual de gordura corporal, aumento na densidade mitocondrial e na tolerância ao lactato são apenas algumas delas (Billat et al., 2001; Gibala, 2007).

Outra vantagem que deve ser destacada é o aumento na economia de corrida, cuja definição está relacionada à capacidade de manter altas velocidades utilizando cada vez menores frações de oxigênio (VO_2máx) (Palmer e Sleivert, 2001; Saunders et al., 2004).

Dessa forma, a aplicação de um método de treinamento que melhore a economia de corrida é altamente desejada, uma vez que quanto melhor a economia, maior a velocidade (Evangelista, 2010).

De forma geral, os métodos de treinamento incluem (Evangelista, 2010; Ide, Lopes e Sarraipa, 2010):

- Os métodos contínuos: caracterizados normalmente por maior volume e menor intensidade. O objetivo primário é ocasionar adaptações iniciais ao treinamento.
- Os métodos variativos: caracterizados por alterações constantes nos estímulos. Ideais para simular a realidade das provas de corrida de rua.
- Os métodos intervalados: caracterizados por maior intensidade e menor volume.

Até pouco tempo atrás, acreditava-se que os treinos intervalados de alta intensidade e baixo volume não ofereciam grandes vantagens em relação a melhoras no desempenho (Kubukeli, Noakes e Dennis, 2002).

Entretanto, pesquisas mais recentes vêm demonstrando a eficiência desse tipo de intervenção (Gibala et al., 2006). Aumentos na atividade enzimática de mitocôndrias, reduções na utilização do glicogênio muscular e do acúmulo de lactato foram reportados com a utilização do método intervalado de alta intensidade e curta duração (Burgomaster et al., 2005; Burgomaster, Heigenhauser e Gibala, 2006).

Além disso, treinos com baixo volume e alta intensidade representam uma excelente estratégia para quem deseja otimizar resultados, mesmo em razão do pouco tempo para treinar (Gibala e McGee, 2008). Os rápidos resultados adaptativos ocorrem, segundo Gibala et al. (2012), em virtude dos mecanismos moleculares que levam ao aumento na biogênese mitocondrial (Figura 6.1).

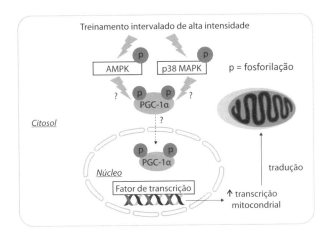

Figura 6.1 – Treinamento intervalado de alta intensidade e mecanismos de sinalização intracelulares relacionados à biogênese mitocondrial

Fonte: Gibala et al., 2012.

> O treinamento intervalado de alta intensidade fosforila tanto a proteína cinase ativada por mitógeno (p38 MAPK) quanto a 5-adenosina monofostato proteína cinase ativada (AMPK). Essas proteínas, por sua vez, ativam outra proteína, a PGC-1α, cujo aumento no núcleo da célula coativa fatores de transcrição, resultando em aumento na biogênese mitocondrial.

Essas adaptações levam ao aumento no VO_2máx e à melhora na economia de corrida e velocidade durante provas de média e longa distância em modalidades de *endurance* (Guellich, Seiler e Emrich, 2009).

Além disso, outra grande vantagem oferecida pelos métodos intervalados parece incluir a redução tanto da gordura subcutânea quanto da visceral, além da diminuição na resistência à insulina (Boutcher, 2011), e mesmo indivíduos com sobrepeso e sedentários parecem se adaptar a essa metodologia sem nenhum risco aparente à saúde (Trilk et al., 2011). Apesar desses dados, mais pesquisas ainda são necessárias para se poder avaliar a segurança e a efetividade dos métodos intervalados de alta intensidade nesse tipo de população (Gibala e McGee, 2008).

No Quadro 6.1 podem-se visualizar diversos protocolos utilizados na literatura e os benefícios oferecidos pela prática deles.

Quadro 6.1 – Protocolos utilizados em treinamento intervalado de alta intensidade

Autoria	Amostra	Protocolo	Resultado
Gibala (2006)	16 homens ativos divididos em grupo contínuo (n=8) *versus* intervalado (n=8).	**Intervalado**: de 4 a 6 vezes, 30 segundos, velocidade supramáxima, com 4 minutos de intervalo passivo. **Contínuo**: de 90 a 120 minutos a 65% do VO_2 de pico. **Duração do estudo**: 14 dias, com 3 sessões por semana.	O treinamento intervalado de alta intensidade se mostrou mais eficiente em relação às adaptações fisiológicas quando comparado ao treino contínuo.
Tremblay, Simoneau e Bouchard (1994)	15 homens com sobrepeso e sedentários divididos em grupo intervalado, grupo contínuo e grupo controle.	**Intervalado**: 8 segundos, velocidade supramáxima, com 12 segundos de recuperação a 50% do VO_2 de pico durante 20 minutos. **Contínuo**: 40 minutos a 60% do VO_2 de pico. **Duração do estudo**: 15 semanas, com 3 sessões em cada uma.	O grupo intervalado teve redução de 2,5 quilogramas (10%) na gordura subcutânea. Não houve alterações no grupo contínuo ou controle.

Continua

Continuação

Autoria	Amostra	Protocolo	Resultado
Malatesta et al. (2009)	12 homens ativos submetidos a dois protocolos distintos de treino (intervalado *versus* contínuo).	**Intervalado**: 1 minuto a 80% da potência aeróbia e 1 minuto de intervalo a 40% da potência aeróbia máxima. **Contínuo**: 60 minutos a 45% da potência aeróbia máxima. **Duração do estudo**: 1 sessão de treino em cada um dos protocolos anteriormente descritos.	O gasto calórico da sessão que utilizou o método intervalado foi de 654±33,1 kcal. O gasto calórico total da sessão que utilizou o método contínuo foi de 188,8±6,3 kcal.

Por fim, embora ainda seja cedo para se conseguir atingir um consenso, o bom senso sempre deve prevalecer. Em vez de colocar o aluno iniciante (ou obeso) para caminhar lentamente durante 30 minutos, seria interessante considerar a ideia de trabalhar com maior qualidade (intensidade) que quantidade (volume) para atingir resultados mais rápidos e, ao mesmo tempo, seguros.

Nesse caso, pode-se pensar na possibilidade de trabalhar durante 15 ou 20 minutos de forma intervalada (1 minuto de caminhada rápida / 1 minuto de caminhada lenta). Quando se trabalha com saúde e qualidade de vida, adaptações são sempre bem-vindas.

7

Quais as variáveis a considerar para aumentar o condicionamento e a resistência aeróbia em obesos interessados em começar um programa de corrida?

Quais as variáveis a considerar para aumentar o condicionamento e a resistência aeróbia em obesos interessados em começar um programa de corrida?

Os brasileiros vêm sofrendo intensas mudanças quanto a seus hábitos de vida, saúde e nutrição. Por consequência, uma patologia que vem crescendo de forma acelerada é a obesidade (Ferreira e Magalhães, 2006), uma doença multifatorial e crônica definida como acúmulo excessivo de tecido adiposo num nível que compromete a saúde dos indivíduos (WHO, 1997).

A obesidade causa danos extensos, relacionados a diversas outras patologias, como cardiopatias, diabetes não insulinodependente, hipertensão arterial e alguns tipos de câncer. Devemos levar em consideração também os prejuízos sociais, nos casos mais extremos.

Existem vários tipos de teste para identificar e avaliar o sobrepeso e a obesidade; entre eles, o mais simples é o índice de massa corporal (IMC).

- Calculando o IMC: vários são os estudos que usam o IMC para estimar:
    - níveis de obesidade;
    - risco de mortalidade por doenças cardíacas;
    - avaliação do sobrepeso.

É determinado da seguinte maneira:

$$IMC = peso\ corporal\ (kg)/estatura\ (m)^2$$

Por exemplo, para um homem de 90 kg de massa corpórea e estatura de 1,77 m:

$$IMC = 90/1,77^2 = 28,73\ kg/m^2$$

Tabela 7.1 – Classificação do IMC

Homens (kg/m²)	Mulheres (kg/m²)	Classificação
< 25	<27	Limite desejável
25 - 30	27 - 30	Sobrepeso
30 - 40	30 - 40	Obesidade
> 40	> 40	Obesidade mórbida

Fonte: Machado, 2010.

Portanto, o indivíduo do exemplo está classificado com sobrepeso.

Os valores obtidos pelo método IMC precisam ser interpretados corretamente, para não haver erro nos resultados, pois, além do excesso de gordura corporal, os ossos, a massa muscular e até mesmo o aumento de volume plasmático induzido pelo treinamento com exercícios afetam o numerador da equação do IMC. Assim, um IMC alto poderia dar origem a uma interpretação incorreta de gordura excessiva em indivíduos magros com massa muscular excessiva, em virtude do treinamento com exercícios.

A prática regular de exercícios físicos e de hábitos saudáveis é parte da estratégia para a diminuição da gordura corporal. O exercício físico promoverá adaptações fisiológicas que diminuirão os depósitos de gordura corporal e, para alguns pesquisadores, deve ser praticado por todos, saudáveis ou mesmo aqueles com múltiplos fatores de risco, desde que sejam capazes de participar de programas de treinamento físico (Pontes, Sousa e Navarro, 2009).

Profissionais da área de treinamento utilizam-se da intensidade do exercício como uma das variáveis para otimizar o emagrecimento, em razão de a musculatura esquelética ser um dos componentes corporais que mais contribuem para o metabolismo energético (Hauser, Benetti e Rebelo, 2004).

Aumentar a intensidade dos exercícios torna-os mais eficientes com relação ao gasto energético. Mesmo que durante o exercício a utilização da gordura seja pouca, a produção de calor proveniente da oxidação da gordura causará um gasto energético mais alto. Isso só ocorre em virtude do excesso do consumo de oxigênio após o exercício (EPOC, do inglês *excess post-exercise oxygen consumption*), que provocará um estresse metabólico maior e, com isso, maior gasto de energia para voltar à condição de homeostase (Machado, 2011b). Nos obesos, essa estratégia deverá ser utilizada de forma gradativa, de acordo com a adaptação do indivíduo.

Deve-se começar com os treinos intervalados com cargas significativas e uma recuperação otimizada e ativa até que o aluno seja capaz de permanecer pelo menos 15 minutos com uma carga contínua entre 75% e 80% da FCmáx. A intensidade é, portanto, uma variável muito importante para a adaptação do organismo, seja qual for o objetivo. O diferencial para o público obeso é o nível de condicionamento, que é muito baixo para eles por causa do sedentarismo. Trabalhar em razão do limite fisiológico do aluno será de vital importância para a adaptação dele, pois otimizaremos as respostas metabólicas ao mesmo tempo em que respeitaremos os seus limites fisiológicos.

Dica do treinador: a FCmáx é um bom indicativo de estresse, mas, para esse fim, devem ser utilizadas também a percepção de esforço (cansaço) e a frequência respiratória. Quando esta começa a ficar descompensada (irregular), é sinal de muito esforço. Use e abuse de treinos intervalados e dê prioridade à recuperação da seguinte forma: se o estímulo for de 1 minuto, ela deverá ser o dobro do tempo; então, para estímulo de 2 minutos, recuperação de 4 minutos. Esse processo de recuperação deverá ocorrer de forma ativa, ou seja, ainda em exercício, com uma intensidade mais baixa, até que o aluno consiga manter-se numa intensidade significativa por pelo menos 15 minutos nos treinos contínuos. Após a sessão, é aconselhável a aplicação de gelo nas articulações do joelho e do tornozelo como forma de prevenção.

8

Correr 2, 3, 4, 5, 6 ou 7 dias por semana? Quais os prós e os contras?

Num primeiro momento, a corrida é um esporte simples: basta colocar um pé atrás do outro, não se esquecendo de alterná-los em um ritmo constante. Mas quando a distância e a velocidade aumentam é que se percebe a complexidade desse esporte.

O planejamento do treinamento é estruturado com base na condição atual do aluno/atleta, nos objetivos e nos exercícios, caracterizando todo um processo organizado de forma pedagógica, com um único propósito: a melhora da condição física do aluno/atleta (Machado, 2011a). O treinamento implica a existência de um plano em que se definem igualmente os objetivos e os métodos de treinamento.

A distribuição das unidades e das sessões de treinamento deverá ser feita com base na disponibilidade e no objetivo do aluno/atleta. O planejamento do treinamento obedece a uma linha temporal, considerando-se um início e um fim do processo de preparação e competições (De La Rosa, 2006).

Saber montar uma estruturação adequada para obter uma melhor *performance* é a principal condição para um bom resultado em qualquer esporte.

A perfeita estruturação do treinamento garante não só a obtenção de resultados no âmbito mundial, mas também procura assegurar a longevidade esportiva dos alunos/atletas (De La Rosa, 2006).

Os períodos lógicos de treinamento são distribuídos em três fases: aquisição, manutenção e perda temporal da forma esportiva, ou período preparatório, competitivo e transitório (Machado, 2009).

Não basta apenas treinar. É necessário planejar a forma, o método, quando e como se quer que a condição se eleve de maneira satisfatória, para chegar ao máximo da condição física e conseguir bons resultados de forma estruturada e planejada (Machado, 2011a).

A essa altura, provavelmente, correr já não é tão fácil como se pensava antes, isto é, simplesmente deslocar um pé depois do outro e manter o equilíbrio para não cair. Para correr uma prova de 10, 21 ou 42 km, será necessário muito mais que apenas um bom equilíbrio dinâmico, o que implica toda uma ciência por trás da corrida, como fisiologia, biomecânica, bioquímica, nutrição e periodização.

Alguns ainda insistem em ignorar a ciência envolvida na corrida. Simplesmente saem correndo pelas ruas e participam de provas sem um treinamento orientado, baseando-se apenas no "eu consigo!". Para esses alunos/atletas que preferem simplesmente sair correndo, a prova irá se tornar um pesadelo: eles praticamente irão sobreviver à prova, e não exatamente correr. E ainda poderão ter grandes decepções, pois as dores poderão se perdurar por dois ou três dias após a prova, por causa do estresse imposto pela aventura, não guardarão boas lembranças e o que deveria ser um dia de saúde e diversão irá se tornar uma amarga recordação.

Existe uma pequena diferença entre sair correndo e correr. O primeiro não exige conhecimento técnico-científico, ao passo que o segundo é todo um processo complexo e cheio de detalhes. A cada treinamento, há todo um conhecimento científico com a finalidade de tornar a corrida mais eficiente e segura para o praticante (Machado, 2011a).

Para o bom desenvolvimento da condição física, o mínimo de frequência semanal deverá ser de três vezes, e os dias distribuídos de forma que fiquem equidistantes entre si. Por exemplo: treinos às terças, às quintas e aos sábados. Assim, há um período lógico de recuperação entre um treino e outro, pois, de terça para quinta e de quinta para sábado, temos 48 horas de recuperação, e de sábado para terça, temos 72 horas. Com base nesse formato, serão distribuídos os tipos de treinos nos dias da semana, levando-se em conta o tempo de recuperação que cada um demanda. O tipo de treino que requer um tempo maior para recuperação orgânica é o longo, utilizando uma intensidade moderada; logo, no modelo proposto ele será alocado no sábado. Quando o aluno/atleta for ganhando condicionamento, ele deverá ter estímulos com mais intensidade e maior frequência para a manutenção da curva de adaptação. Para isso, serão aumentados os dias de treino, passando para quatro, cinco e até seis vezes por semana. Treinar durante os sete dias da semana não é recomendado, e deve-se sempre priorizar um dia como descanso total, ou seja, nenhuma atividade (denominado *day off*).

Para os iniciantes, treinar mais de três vezes por semana pode ser prejudicial para a curva de *performance*, pois pode não haver tempo suficiente para que tenham a supercompensação do organismo e um consequente rendimento adequado nos treinos.

Dica do treinador: nos dois primeiros meses de treino, priorize nos iniciantes três sessões por semana, em dias distintos e equidistantes, como no exemplo (terça, quinta e sábado ou segunda, quarta e sexta), e, posteriormente, aumente um dia de treino por semana a cada dois meses de treino. Dessa forma, o aluno treinará, no final do terceiro e do quarto mês, quatro vezes por semana; no quinto e no sexto mês, cinco vezes por semana; e, a partir do sexto mês, seis vezes por semana, se for esta a vontade e a necessidade do aluno. Pode-se, sem nenhum tipo de problema, montar todo um planejamento para o aluno que deseja correr uma maratona treinando apenas três vezes por semana. Nesse caso, o único ponto negativo é que a curva de adaptação dele crescerá de forma mais lenta e necessitará de mais meses de preparação.

Outra dica importante é a variação da metodologia do treinamento. Os métodos diferenciados permitem que o treino seja realizado de modo ininterrupto (contínuo) ou com breve intervalo de recuperação (intervalado), podendo, ainda, sofrer variações, como características constantes ou variadas, de maneira progressiva, regressiva e/ou variável (Machado, 2009).

9

Quais os fatores a considerar na elaboração de um programa de treinamento para mulheres corredoras?

O princípio da individualidade biológica do treinamento desportivo preconiza que se deve respeitar as características de cada um, o que não seria diferente com o sexo feminino. As mulheres, quando comparadas aos homens, em sua maioria são mais baixas, mais leves, têm massa gorda superior à do homem e menos massa magra; a massa óssea é mais leve e mais porosa; em razão da menor quantidade de massa magra, têm menos força; por causa do tamanho corporal, o seu coração é menor e por isso têm um volume sistólico menor; e a pelve mais larga (Weineck, 1999). E mesmo assim superam os homens em muitos esportes quando comparados os rendimentos.

O ciclo menstrual é uma das características mais marcantes do sexo feminino. Por esse motivo, o treinamento deve ser planejado levando-se em consideração cada atleta. Como tal ciclo provoca uma variação hormonal muito grande, deve-se conhecer e saber quantificar a carga de trabalho em razão dessa variação.

As fases do ciclo menstrual são (Weineck, 1999): menstruação (do 1º ao 4º dia), pós-menstrual (do 5º ao 11º), intermenstrual (do 12º ao 22º) e pré-menstrual (do 23º ao 28º).

É importante o treinador conhecer a resposta biológica de sua aluna/atleta em cada uma dessas fases do ciclo. Basicamente, na fase pós-menstrual, o desempenho é otimizado; na fase intermenstrual é normal; na fase pré-menstrual ele é debilitado; e, na fase menstrual, a individualidade biológica conta muito, pois em algumas alunas/atletas pode afetar muito o desempenho e, em outras, não. Há relatos de mulheres que bateram recordes estando menstruadas.

Alguns tipos de treino exigem mais das alunas/atletas, como os longos e alguns treinos de ritmo em virtude da prova-alvo. Esses treinos devem ser distribuídos de forma que não caiam no período pré-menstrual, uma vez que nesse período é indicada a redução da carga e a priorização dos treinos de estabilidade com cargas menores e regenerativos.

Dica do treinador: programe os treinos observando o ciclo menstrual da aluna/atleta e priorize os treinos menos estressantes para os períodos pré-menstrual e menstrual, caso neles ela se sinta debilitada.

10

Qual o melhor parâmetro de controle da intensidade do treinamento: FC ou *pace*?

A intensidade do exercício e o gasto energético têm uma relação direta, pois quanto maior a intensidade, maior o gasto energético (Margaria, 1963). Intensidades muito fortes estão relacionadas a riscos cardíacos e a lesões musculoesqueléticas, e também desmotivam seus praticantes pelo alto esforço empregado.

A intensidade de trabalho varia de acordo com o objetivo e com o nível de condicionamento do indivíduo (Machado, 2011a). O Colégio Americano de Medicina do Esporte (ACSM, na sigla em inglês) recomenda a utilização da frequência cardíaca de reserva (FCR) para o controle da intensidade do exercício. Indivíduos com baixo condicionamento deverão iniciar seu treino com intensidade entre 40% e 50% da FCR; para indivíduos já treinados, as intensidades devem variar entre 60% e 90% da FCR, para que se obtenham melhoras significativas no condicionamento físico (ACSM, 2003a). Uma outra forma de quantificar a intensidade do treino é por meio do *pace*, que é uma variável de ritmo médio ou velocidade média.

Não é possível dizer qual dos dois é o melhor, e sim qual o mais apropriado para o nível de seu aluno em determinado momento. Para isso, o atleta deve ser classificado em:

- Corredor em processo de condicionamento (nível 1): aquele que está ganhando condicionamento.
- Corredor *performance* (nível 2): aquele que quer aumentar a sua *performance* e já tem um nível de condicionamento moderado.

Na prática, pode-se observar esses dois corredores de forma muito simples. Caso um deles consiga correr por 15 minutos de forma contínua, numa velocidade de pelo menos 7 km/h ou um *pace* de 8min34s por quilômetro, já pode ser considerado um corredor com certo nível de condicionamento, e é preciso melhorá-lo.

Para o corredor nível 1, serão utilizadas as variáveis fisiológicas (frequência cardíaca), pois, para o desenvolvimento do condicionamento, se faz necessário projetar uma curva de sobrecarga ao longo do planejamento, na qual o organismo seja capaz de absorver a carga de trabalho e proporcionar uma melhora de rendimento ao aluno em seus padrões biológicos. Já o corredor nível 2 deve ter projetada uma curva de sobrecarga mais forte, para que o organismo possa, de forma mais eficiente, ter uma supercompensação de sua condição biológica. Para esse corredor, utiliza-se a sobrecarga física (*pace*), pois, respeitando-se a distribuição dos tipos de treino e seus objetivos dentro do planejamento, a adaptação orgânica, ou a melhora do condicionamento, será mais eficiente.

Quantificando a carga pela frequência cardíaca (Machado, 2011a)

Primeiro passo: determinar a FCmáx.

Para a corrida, são utilizadas fórmulas distintas entre os sexos. Segundo alguns estudos (Freitas et al., 2002; Silva Jr., Xavier e Marins, 2002; Nogueira et al., 2002) que realizaram uma série de comparações de modelos matemáticos de predição da FCmáx com a FCmáx obtida em situações distintas (corrida, cicloergômetro e natação), não há um modelo matemático único para predizer a FCmáx, e sim modelos distintos para cada modalidade (Robergs e Landwehr, 2002).

Para a corrida, os modelos mais adequados para predizer a FCmáx são o de Fernandez (1998), para homens (equação 1) e o de Froelicher et al. (1998), para mulheres (equação 2). Os resultados encontrados por essas equações têm uma variação menor que 3 batimentos por minuto (bpm).

FCmáx = 200 - 0,5 (idade)   (equação 1)

FCmáx = 217 - 0,846 (idade)   (equação 2)

Segundo passo: determinar a FC de trabalho (FCt).

O treinamento é realizado com base na intensidade alvo. A FCt determinará a FC para o objetivo proposto (equação 3).

FCt = (FCmáx - FC_R) IT + FC_R (equação 3)

Em que:

FCmáx = Frequência cardíaca máxima

FC_R = Frequência cardíaca de repouso

IT = Intensidade do treinamento desejado (%)

Exemplo:

FCmáx = 198 bpm

FC_R = 98 bpm

IT = 85% da FCmáx = 0,85 (limite superior do treinamento)

FCt = (198 - 98) 0,85 + 98

FCt = 183 bpm

O FC-alvo para o treinamento correspondente a 85% da FCmáx é igual a 183 bpm.

Quantificando a carga pelo *pace* (Machado, 2011a)

Primeiro passo: pegue o tempo despendido pelo atleta em uma prova recente, cuja distância tenha sido a mais próxima do seu objetivo.

Prova de 5 km: 32min10s

Segundo passo: transforme o resultado em segundos.

32min10s = 1.930 s

Terceiro passo: divida o tempo em segundos pela distância em quilômetros, e o resultado será a velocidade em segundos por quilômetro.

1930 ÷ 5 = 386 s ou 6min26s/km

Logo, o ritmo de trabalho máximo do atleta é de 6min26s/km.

De posse do ritmo de trabalho máximo do atleta, calcula-se a intensidade do treinamento.

Exemplo:

Qual o ritmo de trabalho ou a velocidade para 85% do VO_2máx?

Quarto passo: pegue o tempo total em segundos do ritmo de trabalho máximo, multiplique por 100 e depois divida pela intensidade proposta (85%). O resultado é o ritmo de trabalho para 85%.

(386 x 100) ÷ 85 = 454 s ou 7min34s/km

Dica do treinador: ao controlar a intensidade do treinamento de forma mais precisa, as sessões se tornam muito mais atrativas, e o atleta fica mais seguro quanto ao que pode e deve fazer durante o treino. Estabeleça sempre uma meta para seu aluno e, nos treinos longos, não se esqueça de que o *pace* deve diminuir em até 2 minutos em relação aos treinos de ritmo.

11

Quais os fatores a considerar na elaboração de um programa de treinamento de corrida para cardíacos?

Quais os fatores a considerar na elaboração de um
programa de treinamento de corrida para cardíacos?

O Brasil tem um alto índice de sedentarismo, chegando a aproximadamente 80% da população adulta, segundo dados do Censo 2010 divulgados pelo Instituto Brasileiro de Geografia e Estatística (IBGE). Em São Paulo, a média diminui, mas ainda é alta, girando em torno de 70%. Tal fato é muito preocupante, pois a maioria das mortes por cardiopatia é de indivíduos sedentários.

Em 1997, no estado de São Paulo, foram aproximadamente 232 mil mortes, das quais cerca de 70 mil ocorreram por doença cardiovascular (Fundação Seade). Segundo dados do Programa de Aprimoramento das Informações de Mortalidade do Município (PRO-AIM), em1998, no município de São Paulo, foram 62.895 mortes, das quais 21.044 por doença cardiovascular e, destas, 38,7% por doença coronária (Timermann e Ramires, 2006).

Um estudo de Oldridge et al. (1988) acompanhou por três anos 4.347 pacientes após o infarto agudo do miocárdio (IAM) (grupo de controle: 2.145; grupo experimental: 2.202). O grupo experimental realizou exercícios após o IAM. O estudo pôde observar que houve redução de 25% de mortalidade entre o grupo experimental em relação ao de controle. O experimento constatou redução significativa no grupo que realizou o programa de reabilitação cardíaca após o IAM.

A Organização Mundial de Saúde (OMS) caracteriza o programa de reabilitação cardíaca como a integração de intervenções, denominadas "ações não farmacológicas", para assegurar as melhores condições físicas e psicossociais do paciente com doença degenerativa cardiovascular, pulmonar e metabólica (Nunes, 2010).

Os pacientes infartados apresentam grande perda da capacidade funcional. Com o programa de reabilitação cardíaca, ocorre uma recuperação significativa dessa capacidade. São inúmeros os benefícios para aqueles que ingressam no programa de reabilitação cardíaca (PRC), entre os quais mudanças hemodinâmicas, metabólicas, miocárdicas, vasculares, alimentares e psicológicas, todas associadas ao melhor controle dos fatores de risco e à melhora da qualidade de vida (Nunes, 2010).

O PRC tem como objetivo fazer que os pacientes voltem às suas atividades habituais, por meio do auxílio de profissionais de várias áreas: educadores físicos, médicos, psicólogos, nutricionistas e fisioterapeutas. O programa é dividido em fases, e cada profissional tem uma função específica em algumas delas ou em todas.

Fases da reabilitação (Nunes, 2010)

Fase 1: paciente ainda internado, por descompensação clínica de natureza cardiovascular, pulmonar e metabólica.

Essa fase inicia-se depois de o paciente ter sido considerado compensado clinicamente. Nesse momento é realizada uma combinação de exercícios físicos de baixa intensidade, cuja duração pode variar de 7 a 14 dias. Vale observar que o tempo dessa fase tem decrescido. A equipe de profissionais é composta por médico, fisioterapeuta, enfermeiro, nutricionista e psicólogo.

Fase 2: é a primeira etapa extra-hospitalar. Inicia-se imediatamente após a alta. Tem duração aproximada de três a seis meses, estendendo-se, em alguns casos, por mais um ou dois meses. O objetivo nessa fase é que o paciente retorne às atividades sociais e laborais nas melhores condições físicas e emocionais possíveis.

Funciona numa estrutura que faça parte do complexo hospitalar ou outro ambiente próprio para a prática de exercícios físicos com recursos específicos para esse tipo de público e que tenha recursos básicos para um atendimento de emergência. A equipe é composta por médico com especialização em Medicina do Esporte ou cardiologista, fisioterapeuta, nutricionista e professor de Educação Física.

As sessões devem ser orientadas pelo profissional de Educação Física e supervisionadas pelo médico responsável. Também faz parte desta fase um programa educacional direcionado à modificação do estilo de vida, com ênfase na reeducação alimentar.

Fase 3: duração aproximada de 6 a 24 meses. Tem por objetivo atender imediatamente os pacientes liberados da fase 2. Os exercícios devem ser orientados e supervisionados pelo profissional de Educação Física e acompanhados pelo médico e fisioterapeuta. O principal objetivo é a melhora da qualidade de vida e demais procedimentos que contribuam para a redução do risco de complicações clínicas.

Fase 4: duração indefinida, pois é um programa de longo prazo. Os exercícios não são necessariamente supervisionados, mas são orientados por um profissional (professor de Educação Física). Alguns pacientes preferem continuar realizando os exercícios com supervisão médica.

Nesta fase, os pacientes, após cada avaliação médica, principalmente quando são submetidos a testes ergométricos, cuja periodicidade não deve exceder a um ano, devem ser avaliados e orientados na prática em suas sessões de exercícios. O principal objetivo da fase é a melhora da condição física. O profissional de Educação Física tem aqui uma ação direta, sendo responsável pela elaboração e pela orientação dos exercícios, respeitando os princípios do treinamento desportivo.

Os programas de condicionamento físico que têm um gasto calórico acumulado no final da semana superior a 1.200 kcal provocam uma diminuição nos níveis de lípides séricos (Nunes, 2010). Basta uma única sessão de exercícios para uma diminuição considerável dos triglicérides, mas, como apenas uma não é suficiente para a manutenção desses níveis, é importante a prática regular de exercício físico.

A atividade física é uma ação preventiva muito eficaz, pois aumenta o metabolismo basal e a oxidação de lipídios e glicose, ampliando a sensibilidade à insulina, além de favorecer o tratamento da síndrome metabólica, que muitas vezes está associada à obesidade. Não foi por acaso que várias entidades médicas passaram a recomendar a atividade física regular como agente de prevenção de várias patologias.

A prescrição do treinamento de corrida para cardiopatas se assemelha às mesmas recomendações para hipertensos: volume de 30 a 60 minutos, intensidade do exercício entre 50% e 70% da FCmáx e uma frequência semanal de treinamento de três a cinco vezes na semana (ACSM, 2004).

Dica do treinador: esse público tem a característica de ser bem cuidadoso, uma vez que a maioria passou por um grande susto. O acompanhamento do médico é imprescindível. As intensidades devem ser progressivas, de acordo com a resposta do aluno e, de preferência, monitoradas pelo professor e avaliadas pelo médico.

12

Quais os fatores a considerar na elaboração de um programa de treinamento de corrida para diabéticos?

Quais os fatores a considerar na elaboração de um programa de treinamento de corrida para diabéticos?

A *diabetes melito* (DM) é uma patologia que se caracteriza por uma alta taxa de açúcar no sangue (hiperglicemia), em razão de uma disfunção da insulina, que tem a função de facilitar a entrada da glicose plasmática dentro das células. Estas utilizam a glicose para produção de energia e, uma vez que a insulina não exista ou não faça sua função, a glicose permanece no sangue, levando à hiperglicemia (Novaes, Mansur e Nunes, 2011).

Existem dois tipos de DM (SBD, 2000):

- Tipo 1: há falta absoluta de insulina em razão da destruição das células do pâncreas que a produzem. Os portadores desse tipo de diabetes têm como características a magreza, a sede excessiva e a micção frequente.
- Tipo 2: as células não respondem ou respondem mal à insulina, caracterizando uma certa resistência a ela. Esse tipo é mais comum, sendo responsável por mais de 80% dos casos, número que vem aumentando a cada ano nos países desenvolvidos. Os portadores do tipo 2 têm

como características o excesso de peso ou a obesidade e a insulina no sangue aumentada ou normal.

O exercício físico faz parte do tratamento denominado *tríade do controle da doença*, composto ainda pela parte de medicamentos e dieta balanceada. O exercício físico como ferramenta para o controle da doença torna-se de fundamental importância e gera uma série de benefícios:

- Para os portadores do tipo 1: aprimoramento da sensibilidade à insulina, melhora do perfil lipídico, maior gasto energético, redução da gordura corporal, manutenção da massa muscular e melhora da parte socioafetiva.
- Para os portadores do tipo 2: redução dos níveis de glicose sanguínea e de hemoglobina glicosilada, tolerância à glicose aprimorada, maior gasto energético, aumento da sensibilidade periférica e hepática à insulina, aumento do fluxo sanguíneo nas extremidades, reduzindo o risco de amputações, melhora do perfil lipídico e da parte socioafetiva.

O treinamento deve ter sessões de 20 a 60 minutos de duração, a intensidade deve ser entre 60% e 90% da FCmáx e a frequência do treino deve ser o máximo de vezes por semana possível.

Esse grupo específico requer uma série de cuidados, o que torna fundamental conhecer os sinais, os sintomas e tomar as medidas cabíveis para evitar complicações (Novaes, Mansur e Nunes, 2011).

Uma das situações mais comuns nesse grupo de indivíduos, durante e após a prática de atividades físicas, é a hipoglicemia. Os sintomas que uma crise hipoglicêmica pode apresentar são muito fáceis de identificar: tonturas, tremores, visão turva, sudorese excessiva, palidez, irritabilidade e confusão mental.

A presença de um desses sintomas faz necessária a suspensão do exercício físico de imediato e encaminhamento para o pronto atendimento.

Como medida fundamental para evitar uma crise hipoglicêmica nos pacientes com DM, deve-se atentar inicialmente para os valores glicêmicos pré-atividade. Se, por algum motivo, como na atividade com grandes grupos ou com sujeitos de baixo nível socioeconômico, não for possível aferir a glicemia pré-atividade, o profissional deve fazer uma eficiente anamnese com inquérito alimentar para reduzir o risco da atividade.

O exercício físico causará hipoglicemia no portador do tipo 1; logo, é de extrema importância que esse aluno tenha a indicação de seu médico e/ou que o seu médico esteja ciente de que essa atividade possa ajustar a dose de insulina administrada ou do carboidrato que o aluno deverá ingerir. Geralmente, o ajuste da insulinoterapia ocorre com uma redução de 30% a 40% da dose diária.

É comum um quadro de hipoglicemia durante o exercício físico em portadores do tipo 1, pois, para eficiência na ação da insulina, a glicemia estará reduzida, levando à hipoglicemia.

Outro quadro que pode acontecer em portadores do tipo 1 é a hiperglicemia desencadear a cetoacidose metabólica.

Em razão da hipoinsulinemia, a glicose não penetra na célula; logo, é desencadeada a lipólise, que é a quebra das moléculas de gordura. Ocorre, assim, a liberação de corpos cetônicos, que provocará a cetose metabólica (Wilmore e Costill, 2001). Esta é considerada a partir de valores glicêmicos acima de 300 mg/dl, pH < 7,3 e bicarbonato < 15 mEq/l, cetonemia e/ou cetonúria (Novaes, Mansur e Nunes, 2011).

Inicialmente, o indivíduo apresentará poliúria (muita vontade de urinar), polifagia (excesso de fome) e polidipsia (excesso de sede), que evoluirão para náuseas, vômitos e dor abdominal, levando à desidratação, alteração do nível de consciência, podendo chegar ao coma (SBD, 2005).

Portanto, o controle glicêmico torna-se de fundamental importância para que o treinamento seja eficiente e seguro. O ACSM propõe uma série de procedimentos descritos a seguir, que podem ser adotados para controle glicêmico antes do exercício físico (ACSM, 2003a).

Durante a atividade é recomendável que se adotem padrões parecidos para um controle da curva glicêmica e, logo após a atividade, que se reponha carboidrato para intensidades altas e moderadas, com duração inferior a 60 minutos, e com intensidades leves e duração inferior a 30 minutos. A reposição pode ser feita ao longo do dia e, para intensidades moderadas e altas, com duração superior a 60 minutos, logo após o treino e durante o dia.

- Glicemia 70-180 mg/dl: comer uma barra de cereal ou uma fruta.
- Glicemia > 180 mg/dl: não é necessário repor carboidrato, mas, se existe esse hábito, a reposição deve ser realizada.
- Glicemia > 300 mg/dl: a atividade física está suspensa.
- Glicemia < 300 mg/dl nos últimos cinco dias: realizar atividade física; no entanto, após 30 minutos, realizar novamente a glicemia. Se o valor for superior a 400 mg/dl, suspender a atividade.
- Glicemia < 70 mg/dl: tomar suco com açúcar e comer uma barra de cereal. Após 20 minutos, se a glicemia estiver entre 70 e 140 mg/dl, ingerir mais carboidrato (de dois a três sachês de mel) e começar a atividade. Quando a glicemia estiver acima de 140 mg/dl, começar a atividade.

Dica do treinador: um *kit* de dosagem de glicemia sempre será muito útil quando se estiver trabalhando com esse tipo de público, uma vez que o custo-benefício será de extrema segurança para seus alunos. Outra dica é não utilizar intensidades muito altas.

13

Quais os fatores a considerar na elaboração de um programa de treinamento de corrida para hipertensos?

A hipertensão pode ser caracterizada como uma doença crônica, de natureza multifatorial, assintomática (na maioria dos casos), não transmissível, que compromete fundamentalmente o equilíbrio dos mecanismos vasodilatadores e vasoconstritores, levando a um aumento da tensão sanguínea nos vasos, capaz de comprometer a irrigação tecidual e provocar lesão nos órgãos por ele irrigados (SBH, 2006).

Para o seu desenvolvimento, a hipertensão depende da interação entre predisposição genética e fatores ambientais. Ela pode causar alterações funcionais do sistema nervoso autônomo simpático renal, do sistema renina angiotensina, além de outros mecanismos hormonais e disfunção endotelial. A hipertensão resulta de várias alterações estruturais do sistema cardiovascular, que tanto amplificam o estímulo hipertensivo quanto causam dano cardiovascular (Novaes, Mansur e Nunes, 2011).

Essa doença pode ser classificada quanto ao comportamento das pressões sistólica e diastólica. A Tabela 13.1 apresenta a classificação utilizada pela Sociedade Brasileira de Hipertensão.

Tabela 13.1 – Classificação brasileira da pressão arterial para indivíduos adultos

Classificação	Pressão arterial sistólica (mmHg)	Pressão arterial diastólica (mmHg)
Ótima	< 120	< 80
Normal	120-129	80-84
Limítrofe	130-139	85-89
Hipertensão leve	140-159	90-99
Hipertensão moderada	160-179	100-109
Hipertensão severa	≥180	≥ 110
Sistólica isolada	≥ 140	< 90

Fonte: SBH, 2006.

A hipertensão pode ser dividida em dois tipos distintos e independentes do grau de classificação: primária e secundária. A primária caracteriza-se por não haver um agente etiológico evidente, sendo resultado de vários fatores, entre eles os genéticos e os ambientais. Esse tipo representa aproximadamente 90% dos casos. A secundária representa uma pequena parte dos casos e está ligada a desordens endócrinas ou estruturais (Novaes, Mansur e Nunes, 2011).

O exercício físico faz parte do tratamento, mas, para cada nível de classificação da hipertensão, existe um tratamento diferenciado, em que o exercício físico não é indicado em todas as fases do tratamento. Para indivíduos com classificação leve, realiza-se dieta adequada, normalmente rica em potássio e pobre em sódio, diminuição do estresse do dia a dia e exercício físico. Para classificação moderada, soma-se ao tratamento algum medicamento. E para os indivíduos com classificação severa ou grave, o exercício físico não é sugerido.

A hipertensão também é conhecida como doença silenciosa, pois, em muitos casos, não são observados sintomas. Quando ocorrem, são comuns a outras doenças, como dor de cabeça (principalmente na altura da vértebra cervical C1), cansaço não compatível com o esforço, tonturas e falta de ar.

O exercício físico é uma importante ferramenta para o tratamento da hipertensão, pois é responsável pelo desenvolvimento de mecanismos hipotensores que diminuem resistência à insulina, aumentam a excreção de sódio pela urina e a secreção de prostaglandina E, diminuem a atividade da renina plasmática, aumentam a produção de óxido nítrico (NO) e reduzem a atividade simpática (Novaes, Mansur e Nunes, 2011).

A corrida, como outras atividades aeróbias, traz inúmeros benefícios que influenciam na redução da pressão arterial (PA) nos hipertensos, entre eles, redução do LDL-C, aumento do HDL-C e diminuição do estresse. Para esse público em especial, trabalha-se com volume de no máximo 30 minutos, intensidade do exercício entre 50% e 70% da FCmáx e uma frequência semanal de treinamento de três a cinco vezes na semana (ACSM, 2004).

Além da FC como parâmetro de controle da intensidade, também se pode utilizar o esforço percebido e o comportamento da curva da PA durante o exercício. Durante o exercício aeróbio com carga constante, o comportamento agudo da PAS é um aumento constante e gradual e da PAD nenhuma alteração ou pequena queda de no máximo 10 mmHg.

No treinamento, quando é prescrito pela frequência cardíaca, deve ser utilizada a frequência cardíaca de trabalho ou a reserva para uma maior eficiência da carga de treinamento. Entretanto, o aluno pode fazer uso de alguns medicamentos que podem interferir na prescrição pela FC, como betabloqueadores, que interferem na resposta da FC durante o esforço, de forma a mascarar o verdadeiro impacto do exercício sobre o organismo, tornando a prescrição com base na FC inviável.

Uma opção para a prescrição do exercício, quando esta for inviável com base na FC e na percepção de esforço, é a utilização da escala de esforço percebido (Borg, 1973), a mais comum em exercícios aeróbios. Essa escala (Figura 13.1) tem pontuação de 6 a 20, com base na qual indivíduos hipertensos devem realizar os exercícios nas classificações 12 e 13, que seriam um esforço moderado.

6		Sem qualquer esforço
7	Muito, muito leve	
		Extremamente leve
8		
9	Muito leve	Muito leve
10		
11	Leve	Leve
12		
13	Pouco intenso	Pouco intenso
14		
15	Intenso	Intenso (pesado)
16		
17	Muito intenso	Muito intenso
18		
19	Muito, muito intenso	Extremamente intenso
20		Esforço máximo

FIGURA 13.1 – Escala de Borg.

Fonte: Borg, 1973.

Dica do treinador: a liberação e a indicação de um médico são imprescindíveis no caso de um aluno hipertenso. Com as intensidades adequadas a cada indivíduo, utilize os treinos intervalados para que haja uma recuperação entre os estímulos. Para os indivíduos que utilizam betabloqueadores, como propanolol, existe uma tabela publicada pelo Joint National Committee em 1997, em que foi observada a alteração da FC com o uso desse medicamento.

Assim, o professor pode continuar a prescrever com base na FC, desde que faça a adequação da resposta da FC durante o exercício para indivíduos que utilizam betabloqueadores.

14

Qual a postura correta para a corrida?

Qual a postura correta para a corrida?

Um dos fatores mais importantes para a economia da corrida (ECO) é a postura, que deve ajustar-se ao indivíduo e à velocidade de trabalho imposta pela corrida (Margaria, 1963). Uma postura errada durante a corrida certamente gerará um maior gasto energético e um prejuízo na eficiência mecânica, levando o corredor a uma fadiga precoce (Cavagna, 2006).

Para uma boa postura durante a corrida, devem-se utilizar os exercícios educativos. Os exercícios de *core* para corrida, além de ajudarem no aprimoramento da mecânica da corrida, também podem ser utilizados como aquecimento antes das sessões de treinamento específico (Machado, 2011a).

Conforme a distância e a velocidade aumentam, a postura fica mais vulnerável e pequenos erros ficam mais evidentes, causando maior desperdício de energia, o que pode levar a uma fadiga precoce (Margaria, 1963).

Uma boa postura durante a corrida requer um sincronismo de vários músculos e uma harmonia entre os segmentos do corpo. Por exemplo, os braços e as pernas devem alternar-se de forma oposta, ou seja, quando o braço direito vai à frente, a perna esquerda também deve ir na mesma direção, gerando maior equilíbrio e manutenção da postura.

A observação da mecânica é necessária, começando pelos pés, depois joelhos, tronco até a cabeça. Para isso, pode-se aplicar uma análise básica da postura em três atos (Machado, 2009):

- 1º Ato (a passada): a passada deve ajustar-se ao tamanho do indivíduo. Pessoas mais altas têm uma amplitude maior que as mais baixas; quando essa regra não é respeitada, observa-se uma desarmonia da postura durante a corrida. Quanto à frequência da passada, deve ser ajustada diretamente com a amplitude, pois pequenas amplitudes exigem frequências maiores da passada, causando um apoio maior sobre os dedos dos pés, uma maior elevação dos joelhos e um movimento dos braços mais vigoroso.
- 2º Ato (o tronco): para uma melhor eficiência da respiração, da amplitude e da frequência da passada, é necessário que o corredor mantenha a postura ereta, ou seja, tronco reto e cabeça olhando sempre para a frente.
- 3º Ato (a tensão): a postura durante a corrida deve ser relaxada; correr sob tensão muscular é como estar travado, o que acarreta diminuição da *performance*.

Cada parte do corpo do corredor tem um comportamento padrão para a otimização da mecânica da corrida conforme descrito a seguir (Machado, 2011a):

- Pés: procure usá-los totalmente, do tornozelo até a região central, pois, à medida que ocorrer a transição do peso do corpo sobre o pé (movimento *bouncing ball*), o corredor terá uma propulsão maior na fase aérea da corrida.

- Tornozelos: mantenha-os relaxados, para ocorrer uma transição suave do peso do corpo sobre o pé e também para diminuir o impacto do solo sobre as articulações, como tornozelos, joelhos e quadris.

- Joelhos: durante a passada, erga-os, pois isso proporcionará um melhor movimento de pêndulo durante a corrida, maior propulsão e menor impacto sobre o solo.

- Braços: os braços e as pernas devem se movimentar no mesmo ritmo, para manter o equilíbrio dinâmico da corrida, e devem estar soltos e relaxados, sem ultrapassar a linha medial do corpo.

- Cotovelos: devem estar soltos para permitir um perfeito movimento de pêndulo dos braços, pois estes e as pernas devem estar no mesmo ritmo.

- Ombros: para um perfeito movimento de pêndulo, basta que os braços acompanhem o ritmo das pernas; os ombros devem estar soltos, relaxados e paralelos ao solo.

- Cabeça: é fundamental para a postura correta; mantenha o olhar para a frente, em direção ao horizonte, pois assim fica mais fácil manter os ombros, os braços, os joelhos e os pés atuando de maneira correta.

Para otimizar a postura, o corredor deverá fazer os exercícios educativos. Tais exercícios funcionam como parte de cada fase da corrida e foram desenvolvidos para melhorar a *performance* do corredor, a coordenação, o equilíbrio e a postura, proporcionando uma melhor eficiência mecânica, evitando assim uma fadiga precoce e diminuindo a incidência de lesões.

Comece com os exercícios educativos de menor impacto (*anfersen, dribling e skipping*). A intensidade deve aumentar gradativamente, assim como a combinação dos exercícios educativos, para proporcionar melhor aperfeiçoamento da técnica e assimilação dos movimentos pelo cérebro. A distância pode variar de 30 a 50 metros, e o tempo de exercício deve ser em média de 15 minutos.

Os benefícios desse trabalho sobre a técnica da corrida é rápido, com três sessões por semana. Na terceira semana já se nota um progresso significativo na técnica da corrida por meio da melhora da consciência corporal, maior eficiência mecânica durante a corrida e fortalecimento muscular (Machado, 2011a).

Dica do treinador: faça os exercícios educativos antes do treino específico (corrida). Para iniciantes, deve-se utilizar uma distância de 30 metros e, para os demais corredores, 50 metros. Realize os movimentos dos exercícios educativos e volte correndo em baixa velocidade, mesmo quando o exercício for unilateral. Em uma sessão de exercícios educativos, procure variar os movimentos, sempre dos mais simples para os mais complexos. Uma boa indicação é seguir a sequência *skipping*, *anfersen* e *dribling*.

15

Quais os modelos de periodização para corrida? E qual deles é mais apropriado para iniciantes, intermediários e avançados?

Quais os modelos de periodização para corrida? E qual deles é mais apropriado para iniciantes, intermediários e avançados?

A periodização é um reflexo do conhecimento metodológico e científico de todas as áreas da Educação Física, imposta ao atleta pelo preparador físico (Verkhoshansky, 1996), eliminando toda e qualquer aleatoriedade quanto ao treinamento e permitindo uma estrutura direcionada, com objetivos sólidos e um treinamento mais eficiente e seguro para o atleta (Machado, 2011b).

Devemos utilizar os resultados dos testes e/ou das provas para montar a periodização. Durante o planejamento do programa de treinamento, devem-se destacar as capacidades físicas mais necessárias para o atleta e a importância do volume e da intensidade para cada uma delas (Brandão e Figueira Júnior, 1996).

Periodicamente, é necessário avaliar as capacidades físicas de forma independente e compará-las com os objetivos, de acordo com o planejamento do aluno/atleta (Moreira et al., 2004; Evangelista, 2009; Machado, 2011a).

Com esses dados o treinador poderá observar o comportamento do rendimento e estabelecer parâmetros quanto aos pontos fracos e fortes do treinamento (Amorim, 2002), permitindo que o treinamento seja modulado de forma a dar ênfase nas prioridades do aluno/atleta.

O objetivo maior da periodização é a obtenção do rendimento, ou *performance*. Para atingi-lo, existem diversos métodos ou modelos de periodização, embora todos basicamente trabalhem com o princípio oscilatório da carga de treinamento (volume *versus* intensidade). A periodização perfeita permite ao aluno/atleta chegar ao máximo de sua forma *(peak)* próximo à data previamente estipulada (Sequeiros et al., 2005). Conhecer os princípios científicos, saber trabalhar com eles e correlacioná-los com a Fisiologia, Biomecânica e Metodologia são requisitos básicos para o sucesso da periodização.

- Princípio da individualidade biológica: é a união das características da herança genética e do fenótipo, que são habilidades ou traços adquiridos (Bompa, 2002).

- Princípio da adaptação: reação aos níveis de estímulo, de forma que estímulos fracos não acarretam nenhuma alteração no organismo; estímulos médios apenas excitam; estímulos fortes causam as adaptações almejadas; e os estímulos muito fortes causam danos ao organismo (Gomes, 2009).

- Princípio da sobrecarga: para uma progressão do condicionamento é necessária uma nova carga de trabalho, que deve ser aplicada respeitando-se as variáveis do treinamento, como tempo de recuperação e intensidade da carga aplicada anteriormente.

- Princípio da relação entre volume *versus* intensidade: manipular as variáveis de volume e intensidade de forma precisa, a ponto de gerar condicionamento de forma constante, é um dos grandes segredos da periodização, pois volume de mais ou de menos, assim como intensidade de mais ou de menos, não proporcionará a adaptação almejada. O volume está ligado diretamente à quantidade de exercício, por exemplo, distância total percorrida, tempo total de trabalho, número total de exercícios. A variável de intensidade está ligada à carga usada, à velocidade de trabalho, ao intervalo de recuperação e à amplitude de movimentos (Verkhoshansky, 1996; Bompa, 2002).

- Princípio da continuidade: é a aplicação de uma nova carga de trabalho antes que o organismo se recupere totalmente da carga anteriormente aplicada e possa ter um estímulo não otimizado para gerar uma adaptação eficiente ao organismo (Machado, 2011b).
- Princípio da especificidade: caracteriza-se pela necessidade de adequar o treinamento a uma situação mais próxima da realidade do esporte. O técnico deverá criar situações reais de competição para avaliar os sistemas metabólico, musculoesquelético e cardiorrespiratório em condições reais e, assim, obter dados mais próximos da situação de competição (Weineck, 1999).

A periodização começa pela estrutura do treinamento, que se divide em (Verkhoshansky, 1996):

- Sessão de treinamento: é o período de treinamento. Pode ser mais de um no mesmo dia.
- Unidade de treinamento: é o dia de treinamento do aluno/atleta.
- Microciclo: é a menor unidade funcional de treinamento existente. Ela combina unidade de treinamento de estímulo e fase de recuperação, criando condições para que o organismo se adapte ao estímulo e aumente a capacidade de trabalho.
- Mesociclo: é o mês de treinamento. Esse período possibilita uma harmonia entre as cargas de trabalho.
- Macrociclo: é o planejamento completo do treinamento em uma linha temporal pré-determinada, desde o primeiro até o último dia de treino. Os maiores objetivos da estrutura do treinamento são otimizar os resultados e minimizar os riscos.

O microciclo é uma ferramenta extremamente importante e funcional para a periodização, pois sua estrutura determina a qualidade do desenvolvimento do condicionamento. Geralmente o microciclo tem sete dias, podendo sofrer adaptações para no mínimo três dias e no máximo dez dias.

Durante a montagem de um microciclo, devemos levar em consideração alguns fatores: objetivos do microciclo; número de unidades de treinamento; número de sessões de treino em cada unidade de treinamento; volume e intensidade de cada sessão de treino; e, antes da competição, utilizar um microciclo com apenas uma sessão de pico, que deve ocorrer de três a cinco dias antes da competição.

O mesociclo determina a característica do período de treinamento, permite melhor definição dos objetivos e uma oscilação adequada da carga de trabalho, possibilitando ao organismo uma absorção adequada das cargas de trabalhos impostas em cada microciclo (Zakharov, 1992).

A adaptação do organismo sobre o esforço é o que proporcionará a melhora do rendimento do aluno/atleta. Com a variação da carga de trabalho nos microciclos, o resultado é obtido por cargas acumuladas durante todo o período (mesociclo).

No mesociclo, o atleta tem uma progressão das cargas impostas pelos microciclos. Para que isso ocorra de forma correta, deve-se respeitar as respostas do organismo, que podem ser divididas em três fases:

- Fase de reação ativa: ocorre do 1° ao 10° dia de treinamento.
- Fase de reação estabilizadora: ocorre do 11° ao 20° dia de treinamento.
- Fase de reação residual: ocorre do 21° ao 30° dia de treinamento.

Durante a montagem de mesociclo, deve-se adequar os tipos de microciclos e/ou a sobrecarga do microciclo por causa das fases das respostas orgânicas do indivíduo. Durante a fase ativa, é indicado aplicar microciclos de incorporação ou ordinários; na fase de estabilização, aplica-se o microciclo de choque; e, na fase residual, aplica-se um microciclo de recuperação ou um outro com uma carga de característica regenerativa (Machado, 2011b).

O macrociclo consiste em todo o planejamento do treinamento por tempo pré-determinado que proporcionará respostas ao organismo para uma melhor transição para estágios superiores de condição física e de *performance*. Os macrociclos são divididos em três fases, preparação, *performance* e transição, para uma perfeita estruturação do plano de treinamento, objetivando um melhor rendimento (Machado, 2011b).

- Fase de preparação: os alunos/atletas são levados a aumentar a capacidade motora até o ponto máximo. Divide-se em duas etapas:
  - preparação básica: predomínio do volume de treinamento, em que aluno/atleta tem aumento do condicionamento, da força, da coordenação dos movimentos e do aperfeiçoamento da técnica de corrida;
  - preparação específica: a intensidade do treinamento aumenta e o treino vai sendo direcionado para a competição-alvo, além da especificidade do treinamento, ocorrendo os treinos de rampa e ladeiras.
- Fase de *performance*: os alunos/atletas realizam as competições nas quais se encontram no ponto máximo de sua *performance*, o *peak*.
- Fase de transição: é a recuperação dos alunos/atletas. Normalmente sua duração é em torno de 30 dias para planejamentos de 1 ano; 15 dias para planejamentos de 6 meses; e 10 dias para planejamentos de 4 meses. Nesse momento, não há interrupção do treinamento, e sim uma quebra no ritmo e nos estímulos diferenciados (Zakharov, 1992).

Existem dois principais modelos de periodização: o tradicional e o contemporâneo.

O tradicional tem como idealizador Matveev, que fundamentou todo o processo de periodização sobre a síndrome de adaptação geral (SAG). Esse modelo utiliza como pressupostos as condições climáticas, o calendário de provas e os princípios do treinamento. Ele propõe que o período de treinamento deve ser dividido em período de formação geral e especial. Uma das principais características desse modelo é o contínuo processo de treinamento que combina carga e recuperação de forma progressiva.

Esse modelo segue algumas diretrizes básicas de suma importância para o desenvolvimento da condição física, como períodos de preparação geral e específico bem definidos, pois as cargas dos treinos específicos dependerão da base desenvolvida na preparação geral.

Contudo, as principais críticas a esse modelo motivaram outros pesquisadores a desenvolver novas propostas para quantificar as cargas de treinos: trabalho excessivo na preparação geral, desenvolvimento simultâneo de diferentes capacidades físicas num mesmo período, cargas repetidas por períodos prolongados e pouca atenção aos treinos específicos.

O modelo contemporâneo surgiu das críticas dos pesquisadores da época. A principal era que o modelo tradicional não respeitava as particularidades das modalidades esportivas. Então, surgiram modelos de treinamento específicos para cada modalidade (Verkhoshansky, 1996).

Esse modelo permite uma intensificação dos treinos e um aumento do perfil competitivo (Arruda et al., 1999), e trabalha com três fases distintas (programação, organização e controle). Não se utiliza a planificação, pois Verkhoshansky, seu idealizador, defende a ideia de que o treinamento deve provocar adaptações no organismo de forma gradativa e concentrada (Gomes, 2009).

O ciclo de treinamento é formado por três blocos de trabalhos, e sua principal característica é a grande concentração na preparação especial.

- Bloco A: volume alto. Sua principal função é a preparação do sistema locomotor e aumento da quantidade dos impulsos motores (duração de 2 a 3 meses).
- Bloco B: redução do volume. Sua principal função é o aperfeiçoamento das capacidades competitivas (duração de 2 a 3 meses).
- Bloco C: alta intensidade. Com exercícios especiais, o aluno/atleta reage de forma eficaz às cargas intensas do bloco B e apresenta níveis elevados de desenvolvimento da *performance* (duração de 1 a 2 meses).

Dica do treinador: o modelo tradicional é bem menos flexível que o contemporâneo (ou periodização por blocos), o que não permite uma modificação eficiente, segura e rápida na *performance*. Contudo, é o modelo que devemos aplicar em nossos alunos iniciantes, pelo menos no primeiro ano de prática, para que eles possam desenvolver uma boa base de condição física. O modelo contemporâneo nos permite uma dinâmica de cargas mais rápida, eficiente e segura, mas isso tudo somente ocorrerá se nosso aluno/atleta tiver uma boa condição física de base. Como padrão, pode-se utilizar no primeiro ano de treino um modelo clássico, independentemente da condição física do aluno. Para alunos com um nível de condicionamento menor, pode-se optar por dois macrociclos de seis meses; e, para os mais condicionados, trabalho com três macrociclos de quatro meses e/ou quatro macrociclos de três meses. No segundo ano, o modelo contemporâneo permitirá uma elevação na condição desse aluno/atleta de forma mais expressiva.

16

Quais os tipos de treino para corredores?

Treino longo

- Características: intensidade moderada e volume alto. Para iniciantes e indivíduos que querem aumentar o condicionamento, esse tipo de treinamento acarreta um aumento de 30% a 50% na carga de volume normal, ou seja, aqueles que almejam correr 10 km nas competições deverão correr nesse dia de 13 a 15 km. Para os iniciantes, é aceitável que eles caminhem no meio da sessão. Já para os atletas experientes, esse dia de treinamento serve como um ensaio para a competição.
- Volume de trabalho: de 30% a 50% maior que o atual.
- Intensidade de trabalho: de 60% a 80% do VO_2máx.

Treino de estabilidade

- Características: intensidade de moderada a alta e volume moderado. Este treinamento permite a adaptação quando o aluno corre no seu ritmo de corrida, ou seja, a máxima velocidade que se pode correr por um tempo máximo, com maior eficiência mecânica e metabólica.
- Volume de trabalho: de 30% a 35% menor que o volume de trabalho total atual.
- Intensidade de trabalho: de 75% a 85% do VO_2máx.

Treino de ritmo

- Características: intensidade alta e volume moderado. Este treinamento permite que se encontre o próprio ritmo de corrida, isto é, a máxima velocidade que o atleta pode correr por um tempo máximo, com maior eficiência mecânica e metabólica. Neste tipo de treinamento o atleta encontra a sua velocidade de trabalho, ou o seu ritmo de prova.
- Volume de trabalho: de 30% a 40% menor que a distância da competição-alvo.
- Intensidade do trabalho: de 85% a 95% do VO_2máx.

Treino regenerativo

- Características: intensidade baixa e volume de moderado a baixo. Geralmente vem depois de um dia de treino forte, seja de alto volume ou alta de intensidade. Embora neste tipo a carga de treinamento seja baixa, não significa que deva ser desprezado, pois ele atua como agente mediador para o período de supercompensação, ou seja, ajuda o organismo a se preparar para um próximo estímulo forte.

- Volume de trabalho: de 25% a 50% menor que o volume de trabalho total atual.
- Intensidade de trabalho: de 50% a 60% do VO_2máx.

Treino de velocidade

- Características: intensidade muito alta e volume baixo. Este treinamento tem por objetivo otimizar o aumento da amplitude e da frequência da passada; em outras palavras, o aumento da velocidade.
- Volume de trabalho: 100 e 150 metros. O número de repetições e o intervalo de recuperação variam de acordo com o período de treinamento em que o atleta se encontra.
- Intensidade de trabalho: de 90% a 110% do VO_2máx.

Treino intervalado

- Características: intensidade muito alta e volume baixo. Este treinamento é constituído por períodos de estímulos e recuperação determinados para um aumento da resistência anaeróbia, com intensidade bem acima à da prova. Tem como objetivo preparar o corredor para um final de prova forte. É recomendado que seja realizado em pista de atletismo.
- Volume de trabalho: 200, 400, 800 e 1.000 metros. O número de estímulos, o intervalo e o tipo de recuperação variam em razão do período de treinamento em que o atleta se encontra.
- Intensidade de trabalho: de 90% a 110% do VO_2máx.

No treinamento intervalado, a distribuição da carga da sessão pode ser fixa, progressiva ou regressiva.

Gráfico 16.1 – Treinamento intervalado fixo; após cada período de intervalo, a carga de trabalho se mantém constante

Fonte: Machado, 2009.

Gráfico 16.2 – Treinamento intervalado progressivo; após cada período de intervalo, a carga de trabalho aumenta

Fonte: Machado, 2009.

Gráfico 16.3 – Treinamento intervalado regressivo; após cada período de intervalo, a carga de trabalho diminui

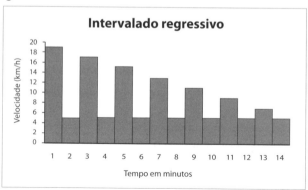

Fonte: Machado, 2009.

Determinação da carga de trabalho no treino intervalado

A determinação da carga deve respeitar as variáveis de intensidade e número de repetições do estímulo, o tipo de trabalho realizado na recuperação e a frequência de trabalho por semana.

Velocidade

Para distâncias de até 200 metros, o tempo de estímulo deve ser de 1,5 a 5 segundos a mais que o melhor tempo para a mesma distância (Wilt, 1970). Por exemplo: se o tempo para 100 metros foi de 22 segundos, o tempo para o treinamento intervalado a essa distância deverá ser de 22+1,5 a 22+5 segundos; logo, a velocidade será de 23,5 a 27 segundos para estímulos com distância de 100 metros.

Para estímulos superiores a 200 metros e inferiores a 1.000 metros, a velocidade de trabalho deverá ser de 1 a 4 segundos menor que a velocidade média obtida para a distância de treinamento. O tempo de trabalho deve ser obtido por meio do teste máximo para uma distância quatro vezes maior que a proposta no treinamento.

Por exemplo: para determinar o tempo de estímulo para a distância de 400 metros, o corredor deverá realizar uma corrida de 1.600 metros, cujo tempo será dividido por 4. Assim, se um corredor percorrer 1.600 metros em 12 minutos e 10 segundos, isto é, em 730 segundos, tem-se que a velocidade média para 400 metros seria de $730 \div 4 = 182$ segundos ou 3 minutos e 2 segundos. Logo, a velocidade para estímulos de 400 metros seria, nesse caso, de 3 minutos e 2 segundos a 2 minutos e 58 segundos.

Intervalo de recuperação

Para distâncias superiores a 800 metros, a relação de tempo de recuperação será de 1:1 ou 1:1 ½; se o tempo de estímulo for de 12 minutos, o intervalo de recuperação entre um estímulo e outro durará de 12 a 18 minutos. Para estímulos de 400 a 600 metros, a relação será de 1:2; se o tempo de estímulo for de 3 minutos, o intervalo de recuperação será de 6 minutos. Para distâncias mais curtas, os intervalos terão uma relação de 1:3; se o tempo de estímulo for de 2 minutos, o intervalo será de 6 minutos.

Dica do treinador: uma distribuição lógica dos treinos ao longo da semana de treinamento pode ser feita. Por exemplo, para quem treina às segundas, quartas e sextas: reservar as segundas para treinos de ritmo (TRT), as quartas para treinos de estabilidade (TE) e as sextas para treinos longos (TL). Isso fará que o organismo se adapte em virtude dos objetivos do aluno, quando bem definidos.

Use e abuse dos treinos intervalados, seja para condicionamento com períodos de recuperação maiores e cargas menores ou para aumentar a velocidade ou limar anaeróbio com cargas maiores e recuperação menor. Utilize a recuperação ativa (em exercício) para melhorar a remoção de catabólicos e a recuperação passiva (em repouso) para otimizar a resistência a eles.

17

No treinamento de força na sala de musculação, quais os exercícios mais apropriados para corredores? E quais podem ser executados em ambiente *outdoor*?

No treinamento de força na sala de musculação, quais os exercícios mais apropriados para corredores? E quais podem ser executados em ambiente *outdoor*?

O treinamento de força auxilia na *performance* do corredor. Isso já é um fato. Entretanto, há ainda aqueles que, por cultura ou falta de informação, não aderiram a tal recurso como treinamento complementar.

Os benefícios não são poucos para aqueles que utilizam o treinamento de força. Entre eles, podemos destacar a menor incidência de lesões, a otimização da *performance* e a redução de tempo de recuperação pós-treino, lembrando sempre que o treinamento de força para os corredores é complementar e deve ajudar na corrida, e não prejudicar a *performance*.

São poucos os momentos no esporte em que a força se manifesta de forma pura. Ela está sempre acompanhada de outro tipo de força. Os gestos esportivos produzem uma fase de alongamento-encurtamento que irá requerer a manifestação de outro tipo de força, gerando combinações de forças durante a execução desses gestos, o que não é diferente na corrida (Machado, 2011b).

O atleta desenvolve a capacidade de aplicar mais de um tipo de força durante a execução do gesto esportivo, em diferentes tipos de situações, técnica denominada *força funcional*. Tal capacidade não depende somente do tamanho do músculo, do número de fibras musculares e do tipo de fibras, mas também da capacidade do sistema nervoso em ativar as unidades contráteis desse músculo (Machado, 2011a).

O treinamento de força tornou-se uma ferramenta importante para obter bons resultados nos desportos. Contudo, há ainda uma confusão quando se fala em treinar força em alguns desportos, pois se pensa que isso significa treinar para um ganho de hipertrofia exagerado, e não para um aumento da força que aprimore o gesto motor desportivo – a já mencionada força funcional.

Elaborar treinamento de força para otimizar a *performance* em corredores não é fácil, pois, primeiramente, devem-se identificar as cargas e as metodologias que serão utilizadas para atingir o objetivo proposto pelo aluno/atleta, dado que cada corredor terá uma necessidade diferente, embora com o mesmo objetivo, que é melhorar seu tempo. Por exemplo: velocidades em que a força funcional será desenvolvida, tempo de recuperação ampliada sobre o estímulo, tipo de força a ser desenvolvido e adaptações sobre a composição corporal.

A capacidade humana de gerar força dinâmica tem diferentes fases: desempenhos automatizados (até 15%), prontidão fisiológica para desempenho (de 15% a 35%), reservas regulares (de 35% a 65%) e força de reserva (de 65% a 100%). O limite entre a mobilização de reserva útil e a força de reserva é chamado de *limiar de mobilização* (Weineck, 1999).

A potência preconiza a realização de exercícios de força contra uma dada resistência com um padrão de velocidade de execução mais alto que a força dinâmica, para uma otimização da velocidade do movimento (Machado, 2011a). A força máxima dinâmica é um pré-requisito para a otimização da *performance* utilizando a potência. Para que a transferência da força dinâmica máxima para potência seja bem-sucedida, devem-se levar em conta dois aspectos importantes: a seleção adequada do exercício e a quantificação da carga de trabalho (Zatsiorsky, 1999).

A força de resistência tem como objetivo preparar o indivíduo para manter a qualidade do exercício (força e técnica) durante todo o tempo de execução do movimento (Machado, 2011b). Em esportes cíclicos, como corrida, ciclismo, natação e remo, o treinamento da força de resistência pode, por sua ação igualmente cíclica, otimizar a *performance* do praticante (Marques, 2005).

Para o desenvolvimento da força de resistência, o treinador deve seguir a especificidade da modalidade esportiva e ter como finalidade desenvolver uma velocidade de contração mais elevada, aumentar a resistência do grupo muscular específico utilizado no gesto esportivo, aperfeiçoar a execução técnica do gesto e desenvolver capacidades psicofisiológicas para situações de fadiga (Machado, 2011b).

A quantificação da carga para desenvolvimento da força de resistência segue basicamente da seguinte forma: carga de trabalho de 30% a 40% de 1 RM, para mais de 20 repetições; de 4 a 6 *sets* e intervalos de 30 segundos entre eles. Alguns autores recomendam até 60 segundos (Machado, 2011b).

Pensando nos exercícios que podem ser utilizados na sala de musculação, há uma diversidade muito grande, embora se recomendem aqueles que tenham uma aproximação maior com o gesto esportivo. Assim, os exercícios podem ser divididos em quatro grupos distintos:

- Grupo 1: exercícios básicos que melhoram a postura e eficiência mecânica na corrida;
- Grupo 2: exercícios básicos que trabalham os músculos que atuam na corrida;
- Grupo 3: exercícios específicos que trabalham os músculos de forma semelhante à ação da corrida;
- Grupo 4: exercícios de coordenação e educativos.

No ambiente *outdoor*, os exercícios do grupo 1 e do grupo 3 podem ser realizados com adaptações, quando necessário.

Grupo 1

Figura 17.1 – **Abdominal (FCT).**

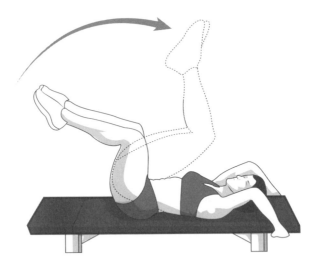

Figura 17.2 – **Abdominal (ESP).**

Figura 17.3 – **Prancha ventral.**

No treinamento de força na sala de musculação, quais os exercícios mais apropriados para corredores? E quais podem ser executados em ambiente *outdoor*?

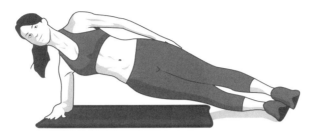

Figura 17.4 – Prancha lateral.

Figura 17.5 – Prancha dorsal.

Grupo 2

Figura 17.6 – Agachamento com os pés paralelos.

Figura 17.7 – *Leg press*.

Figura 17.8 – **Mesa flexora.**

No treinamento de força na sala de musculação, quais os exercícios mais apropriados para corredores? E quais podem ser executados em ambiente *outdoor*?

Figura 17.9 – **Cadeira abdutora.**

Figura 17.10 – **Gêmeos no *leg press*.**

Grupo 3

Figura 17.11 – **Agachamento a fundo com avanço.**

Figura 17.12 – *Stiff*.

No treinamento de força na sala de musculação, quais os exercícios mais apropriados para corredores? E quais podem ser executados em ambiente *outdoor*?

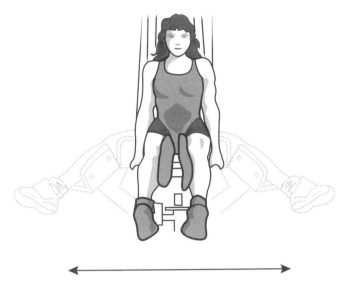

Figura 17.13 – Cadeira adutora.

Grupo 4

Figura 17.14 – Escada de coordenação.

Dica do treinador: ficou uma pergunta no ar: "como seria o treinamento de força para otimizar minha corrida?". Primeiro é preciso ter claro em mente o plano de treinamento do aluno/atleta, pois, em período de base, deve-se treinar mais força e, em período específico, mais potência para otimizar a *performance*. É necessário evitar treinar a força pura antes de treinos longos, na fase de base e potência, e antes dos treinos de ritmo, na fase específica.

De uma maneira geral, devem-se evitar os seguintes erros:

- não dar prioridade aos membros inferiores;
- não treinar os membros superiores;
- não se exercitar explorando a amplitude máxima de movimento;
- não treinar o *core*;
- usar mais máquinas que peso livre;
- treinar sentado em vez de em pé;
- não treinar exercícios com a execução unilateral ou alternada.

Quais as lesões mais comuns em corredores e como evitá-las?

Escrito pelos colaboradores Sandro Rodrigues dos Santos e Vinicius Cremasco

Quais as lesões mais comuns em corredores e como evitá-las?   141

Ultimamente, observa-se uma grande incidência de lesões em quem pratica corrida de rua; lesões tendíneas, musculares e articulares tornam-se cada vez mais comuns na rotina do atleta amador ou profissional. Partindo de uma visão técnica e profissional, questiona-se tal incidência, pois, dada toda a "evolução" e revolução que envolve a modalidade nos últimos anos, tudo deveria caminhar essencialmente para uma melhor qualidade de vida, ampliação do nível da *performance* e diminuição nas lesões.

Se, por um lado, o número de praticantes da modalidade aumentou consideravelmente, por outro, pode-se dizer o mesmo em relação ao acesso a informações e profissionais da área, ao avanço técnico e científico que envolve a modalidade, tanto no que tange ao treinamento propriamente dito quanto na qualidade e tecnologia dos materiais oferecidos para essa prática. Como é possível, mesmo com toda esta "evolução" (tênis de última geração; roupas em tecidos tão leves; verdadeiros computadores de bordo no pulso, capazes de marcar batimentos cardíacos, velocidades, distâncias e gasto energético; inúmeras equipes de assessoria esportiva, com médicos, fisioterapeutas, nutricionistas, educadores físicos e o que mais for preciso), os atletas sofrerem tantas lesões em uma modalidade esportiva que pertence a nossa natureza (afinal, correr é natural ao ser humano)?

Principais lesões em corredores

Estima-se que 12 milhões de corredores recreativos dos Estados Unidos apresentam ao menos uma lesão a cada ano e que aproximadamente quatro lesões podem ocorrer a cada 1.000 horas de corrida (Kellermann e Peleg, 1956). Tais lesões ocorrem em virtude do esforço a que o sistema musculoesquelético é submetido durante a corrida, tanto por fatores intrínsecos quanto extrínsecos.

De acordo com Conte, Dastugue e Vaury (2002, p. 73)

> O desenvolvimento de estratégias para prevenção das lesões desportivas deve requerer, sobretudo, a quantificação sistemática de diagnósticos específicos das lesões, bem como investigação de potenciais fatores de risco, tais como características pessoais, equipamentos e modelos de treinamento.

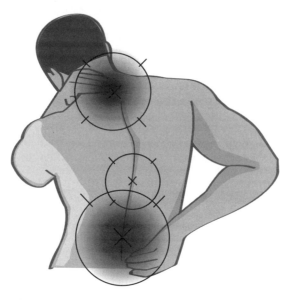

FIGURA 18.1 – Lesões mais comuns nos praticantes de corrida.

Fratura por estresse

As fraturas por estresse ocorrem normalmente na tíbia, no calcâneo e no terceiro metatarso. São caracterizadas por microfraturas nos ossos ocasionadas pelo excesso de impacto, solicitando a substituição da deformação elástica pela deformação plástica.

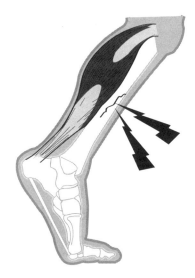

Figura 18.2 – Fratura por estresse na tíbia.

Síndrome patelofemoral

Trata-se da dor na face anterior do joelho, mais comum em mulheres pela sua predisposição ao valgo. Com o encurtamento da musculatura adutora, há a mudança do ângulo "Q" e encurtamento do músculo iliopsoas, gerando uma rotação interna do fêmur. A patela desloca-se lateralmente, provocando um atrito entre essas duas estruturas.

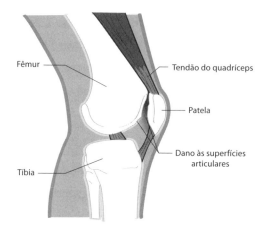

Figura 18.3 – Síndrome patelofemoral.

Síndrome do trato iliotibial

Anatomicamente, a parte mais distal do trato iliotibial passa sobre a borda externa do côndilo femoral lateral. Esse trato sofre atrito com a parte óssea lateral do fêmur quando o joelho flete a aproximadamente 30°. A sobrecarga e o atrito repetido dessa estrutura contra o osso provocam a inflamação da fáscia. É, talvez, a lesão mais encontrada em corredores iniciantes.

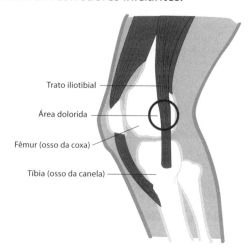

Figura 18.4 – Síndrome do trato iliotibial.

Fascite plantar

É resultado de um desalinhamento nas fibras da aponeurose plantar, causado possivelmente por alterações anatômicas e também por *overuse*. Fatores como perda de flexibilidade do arco longitudinal, rigidez dos músculos da panturrilha, uso de calçados inadequados e o aumento da passada durante a caminhada ou a corrida podem levar à predisposição à fascite plantar, disfunção comum entre corredores.

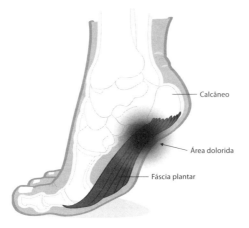

Figura 18.5 – Fascite plantar.

Entorse do tornozelo

É uma das lesões musculoesqueléticas frequentemente encontradas na população ativa, que geralmente envolve estiramento ou ruptura dos ligamentos laterais. Sua classificação é baseada no exame clínico da área afetada e divide a lesão em graus I, II e III. Instabilidade crônica, lesão osteocondral e impacto com processo inflamatório tibiofibular distal são complicações que podem ocorrer se a entorse não obtiver sucesso no tratamento.

Tendinopatia

O termo tendinopatia se refere às lesões que acometem os tendões, que são estruturas compostas em grande parte por colágeno, responsáveis por transmitir a força produzida pelo músculo para a estrutura óssea. Entre as principais causas da tendinopatia na corrida destacam-se a diminuição da capacidade do tendão em produzir e suportar forças de um determinado movimento; a perda da flexibilidade muscular; o desequilíbrio das cadeias musculares, resultando em alterações posturais; o uso de calçados inadequados e o treinamento inespecífico.

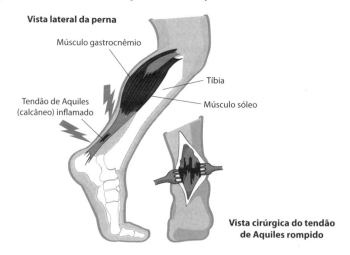

Figura 18.6 – Entorse do tornozelo.

Relação causa-efeito

Outro problema relevante é em relação aos tratamentos executados. Na maioria das vezes, o tratamento é realizado apenas sob o aspecto do "efeito" da lesão, desprezando-se sua "causa", caracterizando um tratamento paliativo, de forma que o problema provavelmente se tornará reincidente ou crônico. Em outras palavras, para um tratamento de joelho buscam-se, em geral, apenas métodos terapêuticos que diminuam a dor e a inflamação, sendo desprezado o tratamento para o processo que gerou tal lesão e/ou o mecanismo compensatório do corpo, que pode acometer outras regiões (desequilíbrio muscular, desvio postural, desalinhamento ósseo ou articular, vício na execução do gesto técnico etc.).

Estudos do fisioterapeuta francês Philippe Souchard descrevem que o alinhamento da postura corporal é estabelecido por estruturas musculoesqueléticas que interagem por toda a vida de acordo com suas solicitações. A exposição a uma rotina intensa e específica de exercícios físicos típicos de cada desporto produz um resultado de sobrecarga em alguns grupos musculares que, em longo prazo, pode evoluir para a modificação do posicionamento de algumas estruturas ósseas, resultando, possivelmente, em algum tipo de lesão. Nesse contexto, tão importante quanto o desenvolvimento das qualidades específicas para o alto desempenho deve ser a preocupação com a postura e o equilíbrio muscular, pois estes influenciam no rendimento do atleta e podem minimizar a incidência de lesões desportivas.

O desequilíbrio muscular é definido como uma desordem do sistema musculoesquelético; os movimentos corporais resultam de cadeias musculares; e, quando há alterações posturais, o organismo se reorganiza em cadeias de compensação, procurando uma resposta adaptativa a essa desarmonia.

Métodos de tratamento

Após exemplificar as lesões mais frequentes na corrida, serão abordados os principais métodos de tratamento, para que o leitor possa entender, de maneira simples, como cada terapia poderá auxiliar na reabilitação do esportista em questão (Andrews, Harrelson e Wilk, 2000; Machado, 2002; Magee, 2005).

RPG

A reeducação postural global (RPG), método criado na França pelo fisioterapeuta Philippe Souchard, é baseado no sistema de cadeias musculares e procura tratar de forma individualizada cada paciente, com alongamentos e reposicionamento estrutural em posturas específicas, de acordo com a disfunção postural encontrada em cada indivíduo.

Os desvios posturais podem ser gerados por diversos fatores. Dos que comumente são encontrados, podem ser citados os hábitos incorretos de postura, sobrecarga física e alterações congênitas. Independentemente da causa, o desvio será fixado pela retração das estruturas musculares, produzindo cargas em determinadas regiões e predispondo o indivíduo a sentir dores musculoesqueléticas. Dessa forma, a RPG atua reequilibrando as cadeias musculares, mantendo o indivíduo em uma boa postura e reduzindo as dores geradas pelo posicionamento inadequado do corpo.

Eletroterapia

A eletroterapia consiste no uso de correntes elétricas na terapêutica. Seu desenvolvimento foi aperfeiçoado nas últimas décadas e acabou se tornando uma grande aliada para o tratamento e controle da dor aguda e crônica, redução de edema e espasmo muscular, fortalecimento muscular e facilitação da cicatrização tecidual.

Existe uma diversidade de correntes que podem ser utilizadas como método de tratamento, cada uma com particularidades quanto às indicações. Independentemente daquela a ser utilizada, todas terão o objetivo de produzir efeitos no tecido a ser tratado, por meio de reações físicas e fisiológicas que o tecido desenvolve ao ser submetido a tal terapia.

Cinesioterapia

Importante método de tratamento que se vale de movimentos naturais do corpo humano, os quais podem ser realizados de forma ativa ou passiva. O tratamento visa equilibrar as estruturas articulares e musculoesqueléticas.

Exercícios contrarresistidos

O treinamento de hipertrofia e a melhor coordenação resultam em aumento da força muscular. Como qualquer trabalho realizado com carga, a graduação da tensão é fundamental para que se tenha um aumento das funções, evitando-se os riscos de lesões ou outros efeitos nocivos ao sistema musculoesquelético.

O exercício contrarresistido pode ser desenvolvido tanto de maneira preventiva quanto na fase de recuperação. É fundamental o ganho de força muscular no período pós-tratamento, já que o repouso prolongado e a falta de atividade física favorecem o enfraquecimento da musculatura, prejudicando sua estabilidade e tonicidade (Goldenberg, Burckhardt e Crofford, 2004).

É importante relatar que a hipertrofia melhora a capacidade do trabalho muscular, e é de consenso que, para um retorno seguro à atividade física, o aumento da força deve ser realizado.

Bandagem

Trata-se de uma técnica de aplicação de faixas de tecido sobre a pele com propósitos terapêuticos, como, por exemplo, para a contenção ou a limitação de um movimento doloroso ou patológico.

Essa técnica tem o objetivo de ser funcional, já que visa promover um ótimo posicionamento da articulação ou do segmento tratado, sem, no entanto, restringir a articulação, apenas limitando o movimento indesejado ou o sintoma relatado pelo paciente. Com essa técnica, permite-se um funcionamento mecânico adequado, evitando-se sobrecarga em estruturas tendinosas, capsulares, ligamentares e musculares. Com a bandagem, proporciona-se ao segmento uma máxima estabilidade com mobilidade seletiva.

Entre os principais objetivos da bandagem estão:

- proteger as estruturas contra o agravamento da lesão;
- controlar a resposta inflamatória (bandagens compressivas);
- permitir a função sem comprometer a reparação tecidual;
- evitar (minimizar) recidivas;
- proporcionar rápida recuperação;
- propiciar movimento funcional livre de dor.

Termoterapia

Refere-se à aplicação terapêutica de métodos que utilizam o calor ou o frio para a recuperação ou o controle de lesões.

Calor

É utilizado sempre em fase crônica, já que o seu principal efeito fisiológico é a vasodilatação, causando o aumento da permeabilidade da microcirculação, o que possibilita maior oferta local de nutrientes e de oxigênio da produção energética.

Crioterapia

Técnica de baixo custo, normalmente utilizada por fisioterapeutas em lesões com quadro agudo, em que se observam os principais sinais da fase inflamatória, como dor, calor, rubor e perda da função.

A crioterapia pode ser definida como uma grande quantidade de técnicas específicas que utilizam o frio com o objetivo terapêutico de retirar ou controlar o calor do corpo, a fim de induzir os tecidos a um estado de hipotermia para favorecer uma redução da taxa metabólica local.

Quadro 18.1 – Tratamento aplicado às lesões

Lesão	Fase de recuperação	Recurso terapêutico
Fratura por estresse	Inicial	Repouso + Imobilização
	Intermediária	Bandagem + RPG + Fortalecimento em cadeia aberta + Eletrotermoterapia + Alongamentos gerais de MMII
	Final	Fortalecimento em cadeia fechada + Alongamentos específicos para músculos pertinentes à articulação
Síndrome patelofemoral	Inicial	Repouso + Alongamento do iliopsoas, quadríceps, tensor fáscia lata e adutores (RPG) + Bandagem
	Intermediária	Fortalecimento do vasto medial (fibras oblíquas) em cadeia aberta
	Final	Fortalecimento do quadríceps em cadeia fechada
Síndrome do trato iliotibial	Inicial	Repouso + Eletroterapia + Ultrassom pulsado
	Intermediária	Alongamento do tensor fáscia lata + isquiotibiais
	Final	Fortalecimento de MMII

Continua

Continuação

Lesão	Fase de recuperação	Recurso terapêutico
Fascite plantar	Inicial	Repouso + Analgesia
	Intermediária	Alongamento dos gastrocnêmios e sóleo + Correção do arco plantar
	Final	Fortalecimento de panturrilha e tibial anterior
Entorse do tornozelo	Inicial	Repouso + Bandagem compressiva se existir edema + Analgesia e ações anti-inflamatórias (por exemplo, corrente diadinâmica de Bernard)
	Intermediária	Ultrassom + Cinesioterapia
	Final	Trabalho proprioceptivo + Fortalecimento dos músculos estabilizadores
Tendinopatia	Inicial	Repouso + Eletroterapia
	Intermediária	Correção anatômica se necessário + Alongamentos específicos da região em questão
	Final	Fortalecimento

Fonte: Sandoval e Mazzari, 2005.

Profilaxia

Na realidade, o melhor tratamento para uma lesão é não deixar que ela aconteça, o que, em muitos casos, é perfeitamente possível em uma atividade como a corrida, que não exige contato corporal com oponentes, mudanças abruptas de direção, de intensidade ou saltos em potência máxima, que são os principais mecanismos de lesão nas atividades esportivas.

Para uma corrida segura, além do aval médico, em determinadas etapas (antes de iniciar os treinamentos, durante a mudança dos ciclos da periodização, na volta aos treinamentos pós-lesão e após período de inatividade ou férias), três aspectos devem ser considerados e avaliados:

- Avaliação física precisa: nessa etapa, o praticante passará inicialmente por uma detalhada anamnese (questionário e entrevista envolvendo, sobretudo, dados pessoais, objetivos, histórico atlético e patológico etc.), seguida da avaliação dos sinais vitais (frequência cardíaca, respiratória e pressão arterial), avaliação da composição corporal (peso, estatura, porcentagem de gordura, porcentagem de massa magra e somatotipia), testes que indicam a aptidão física em relação à resistência muscular, à flexibilidade, à força e à condição cardiorrespiratória e, por fim, uma avaliação postural estática, pela qual serão detectados possíveis desvios que possam interferir na mecânica, *performance* e gerar ou agravar lesões.

- Análise técnica na dinâmica da corrida: é uma das etapas mais negligenciadas durante a prática da modalidade e, talvez, a principal responsável pela diferença entre correr e "sair correndo". Serão avaliados aspectos posturais e biomecânicos com o praticante em movimento, executando a corrida à sua maneira. Para a otimização dessa etapa, recomenda-se a utilização de filmagem com uma câmera de boa qualidade, em velocidade funcional e *slow motion*. A câmera deve estar fixa e posicionada na diagonal frontal do corredor, a uma distância que permita enquadrá-lo por inteiro e possibilite a análise de pelo menos 10 metros de corrida. Em seguida, o avaliador deverá identificar problemas técnicos da modalidade (amplitude das passadas, elevação dos joelhos e calcanhares, movimentação de braços e tronco etc.); se os desvios posturais identificados na avaliação estática interferem na mecânica da corrida e, ainda, se outros não identificados na avaliação estática aparecem durante o ato de correr.

- Periodização coerente e fundamentada: é a última etapa antes de o praticante iniciar suas atividades. Munido dos resultados das duas avaliações anteriormente citadas, o educador físico, devidamente capacitado a trabalhar com a corrida, lança mão de todos os atributos metodológicos e científicos, planejando as etapas de treinamento de acordo com o objetivo traçado e a frequência semanal de treinamento.

Cumprindo esses protocolos, o praticante ingressará na modalidade com o respaldo profissional que o capacita a desenvolver a corrida de maneira segura e apto a alcançar seus objetivos, sem "contratempos" perfeitamente evitáveis.

Dicas do fisioterapeuta:

- Antes de iniciar a corrida ou qualquer atividade física, procure um médico, faça os exames e verifique se há restrições à prática de atividade física.
- Realize avaliações físicas a cada três meses. Elas servem como parâmetro de evolução física e podem detectar indicativos de possíveis lesões ou desvios posturais.
- Não menospreze os exercícios de flexibilidade e força. Eles potencializam a *performance*, protegem a musculatura e a articulação e mantêm a funcionabilidade delas.
- Siga uma planilha de treinamento de acordo com o objetivo proposto e não realize treinos a esmo.
- Faça um bom aquecimento (caminhadas, corridas em baixa intensidade, exercícios de *core*, exercícios de corrida funcionais e educativos) antes da parte principal do treino.
- Após o treino, faça atividades de volta à calma (alongamento e relaxamento).
- Inclua em sua planilha exercícios para melhora da técnica de corrida (exercícios funcionais e educativos), que trazem economia de energia e prevenção de lesões.
- Ao primeiro sinal de desconforto, interrompa os treinamentos e descanse.
- Persistindo as dores, procure um médico/fisioterapeuta para diagnosticar e tratar o problema.

- Não antecipe sua volta às corridas sem o aval do médico, fisioterapeuta e técnico. Quando retornar, diminua o volume e a intensidade do treinamento.
- Sempre faça a atividade supervisionada por um profissional de Educação Física. A corrida é uma ciência repleta de variáveis que, se bem distribuídas, podem gerar saúde, bem-estar e boa *performance*.

19
Como planejar a hidratação de um corredor?

Escrito pela colaboradora Renata Rebello Mendes

Para discorrermos sobre as estratégias de hidratação destinadas a corredores, inicialmente se torna fundamental a discussão sobre os riscos da desidratação e a importância do processo de recuperação hídrica na manutenção da saúde e do desempenho desses indivíduos.

Termorregulação durante o exercício: a sudorese como importante mecanismo de troca de calor

Durante o exercício físico são observadas elevações significativas no gasto energético, principalmente em situações em que são realizados esforços intensos e prolongados. Em geral, quando comparada a um momento de repouso absoluto, a corrida realizada em uma velocidade próxima de 10 km por hora é capaz de aumentar a demanda energética em aproximadamente dez vezes (Tabela 19.1).

Como forma de suprir tal demanda energética imposta pela corrida, a degradação de nutrientes se eleva de maneira diretamente proporcional, culminando na maior produção de calor pelo organismo humano. Consequentemente, são acionados mecanismos capazes de incrementar a produção de suor e do fluxo sanguíneo cutâneo, promovendo a troca do calor excedente do organismo humano para o ambiente (Reis, Azevedo e Rossi, 2009).

Tabela 19.1 – Elevação do gasto energético em indivíduos, adultos de acordo com a velocidade de corrida

Velocidade de corrida	METs*
8,0 km/h	8,0
8,3 km/h	9,0
9,7 km/h	10,0
10,7 km/h	11,0
11,2 km/h	11,5
12,0 km/h	12,5
12,8 km/h	13,5
13,8 km/h	14,0
14,4 km/h	15,0
16,0 km/h	16,0
17,5 km/h	18,0

* METs: representam o número de vezes pelo qual o metabolismo de repouso foi multiplicado durante uma atividade.
Fonte: adaptado de Farinatti, 2003.

Embora a sudorese seja um mecanismo fundamental para o controle adequado da temperatura corporal durante atividades como a corrida, é relevante destacar que essa estratégia de troca de calor implica perda hídrica e de eletrólitos. Dessa forma, caso não seja providenciada a reposição adequada de tais compostos, poderão ocorrer efeitos prejudiciais à saúde e ao desempenho dos corredores, como desidratação e desequilíbrios hidroeletrolíticos (Kreider et al., 2010).

Riscos e consequências da desidratação no exercício físico

Uma vez que grande parte da água perdida pela sudorese é proveniente do plasma sanguíneo, em situações de exercícios intensos pode ocorrer importante diminuição do volume plasmático. Com o declínio do fluxo sanguíneo, ocorrem prejuízos no transporte oxigênio e substratos às fibras musculares recrutadas na atividade física, bem como na eficiência em se dissipar o calor pela superfície da pele, gerando redução significativa da capacidade de trabalho e aumento da temperatura corporal (Park et al., 2012).

A forma mais simples de se identificar a taxa de sudorese induzida pelo exercício físico, como a corrida, consiste na comparação do peso corporal do corredor momentos antes do início do esforço, com a mesma variável logo após o término da sessão de treinamento ou competição. Vale ressaltar que, segundo a equação de predição da taxa de sudorese (Biesek, Alves e Guerra, 2005), líquidos possivelmente consumidos durante o exercício (CL) devem ser adicionados ao cálculo, ao passo que volumes urinários (VU) colhidos nesse mesmo período devem ser subtraídos:

> **Taxa de sudorese (L/hora) =**
> **(Peso corporal pré-exercício - Peso corporal pós-exercício) + (CL - VU) / Duração do exercício (hora)**

O método da pesagem pré e pós-exercício tem sido frequentemente adotado em pesquisas que investigam as consequências de elevadas taxas de sudorese. A comparação percentual entre o peso corporal perdido em decorrência da sudorese e o peso inicial do indivíduo, dada pela equação de predição da porcentagem de perda de peso durante o exercício, pode refletir a gravidade do processo de desidratação:

> % de perda de peso = (Peso corporal pré-exercício - Peso corporal pós-exercício) / Peso inicial x 100

Como resultado, sabe-se que perdas hídricas que se aproximem de 1% a 2% do peso corporal do corredor podem provocar considerável aumento na temperatura corporal, porém ainda sem significativas quedas de desempenho. Ao alcançar taxas de 2,1% a 3% do peso corporal, a desidratação costuma provocar redução relevante na *performance* de atletas, inclusive de corredores. A progressão da desidratação para taxas de 4% a 6% do peso corporal é capaz de provocar fadiga térmica; e, a partir de 6%, tornam-se significativos os riscos de choque térmico, coma e morte (Kreider et al., 2010; Reis, Azevedo e Rossi, 2009).

Com base nesses dados, a comunidade científica tem adotado a perda de 2% de peso corporal (durante o exercício) como um critério mínimo para identificação de casos de desidratação, enquanto taxas superiores a 6% têm sido consideradas indicadores de gravidade, pois causam redução no volume plasmático e no volume sistólico, bem como aumento da frequência cardíaca (como tentativa de compensação).

A análise da densidade da urina também tem sido empregada no intuito de se avaliar o estado de hidratação de esportistas e atletas, considerando os pontos de cortes descritos na Tabela 19.2 (Casa et al., 2000). Trata-se de um método mais específico que a comparação entre pesos pré e pós-exercício (Figura 19.1), além de ser considerado interessante na avaliação do estado de hidratação em momentos de repouso, como o período que antecede o exercício e o período de recuperação.

Tabela 19.2 – Critérios de classificação do estado de hidratação de acordo com a densidade da urina

Diagnóstico do estado de hidratação	Densidade da urina
Bem hidratado	< 1,01
Minimamente desidratado	1,01 – 1,02
Significativamente desidratado	1,021 – 1,03
Seriamente desidratado	> 1,031

Fonte: adaptado de Casa et al. , 2000.

A osmolalidade plasmática é o principal método de avaliação do estado de hidratação em situações laboratoriais, em que maior precisão na medida é exigida. Trata-se, porém, de um método mais invasivo, por depender da coleta de amostras de sangue. Assim, seja pelo monitoramento do peso corporal durante o esforço físico ou pela análise da densidade da urina ou da osmolalidade plasmática, a identificação de quadros de desidratação deve ser preocupação prioritária por parte de profissionais da saúde envolvidos no treinamento de corrida. Nesse caso, algumas condições ambientais (temperatura, umidade e velocidade do vento) devem ser avaliadas com cautela, assim como vestimentas e equipamentos utilizados pelos corredores, pois interferem de forma significativa na taxa de sudorese dos atletas. Adicionalmente, características individuais, como peso corporal, predisposição genética, estado de aclimatação e eficiência metabólica, também influenciam a taxa de sudorese. Portanto, além das avaliações das condições ambientais citadas, os membros de equipes multidisciplinares responsáveis pelos atletas devem avaliar as características de cada um destes, a fim de identificar riscos precocemente (ACSM, 2007).

Tabela 19.3 – Taxa de sudorese, consumo voluntário de líquidos e percentual de perda de peso observados em diversas modalidades e condições climáticas

Modalidade	Condição	Taxa de sudorese (L/h)		Consumo voluntário de líquidos (L/h)		Desidratação (% do peso corporal)	
		Média	Desvio	Média	Desvio	Média	Desvio
Polo aquático	Treinamento (masculino)	0,29	0,23-0,35	0,14	0,09-0,20	0,26	0,19-0,34
	Competição (masculino)	0,79	0,69-0,88	0,38	0,30-0,47	0,35	0,23-0,46
Netball	Treinamento de verão (feminino)	0,72	0,45-0,99	0,44	0,25-0,63	0,7	+0,3-1,7
	Competição de verão (feminino)	0,98	0,45-1,49	0,52	0,33-0,71	0,9	0,1-1,9
Natação	Treinamento (feminino e masculino)	0,37	S/D	0,38	S/D	0	+1,0-1,4 kg
Remo	Treinamento de verão (masculino)	1,98	0,99-2,92	0,96	0,41-1,49	1,7	0,5-3,2
	Treinamento de verão (feminino)	1,39	0,74-2,34	0,78	0,29-1,39	1,2	0-1,8

Continua

Continuação

Modalidade	Condição	Taxa de sudorese (L/h)		Consumo voluntário de líquidos (L/h)		Desidratação (% do peso corporal)	
		Média	Desvio	Média	Desvio	Média	Desvio
Basquete	Treinamento de verão (masculino)	1,37	0,9-1,84	0,80	0,35-1,25	1,0	0-2,0
	Competição de verão (masculino)	1,6	1,23-1,97	1,08	0,46-1,70	0,9	0,2-1,6
Futebol	Treinamento de verão (masculino)	1,46	0,99-1,93	0,65	0,16-1,15	1,59	0,4-2,8
	Treinamento de inverno (masculino)	1,13	0,71-1,77	0,28	0,03-0,63	1,62	0,87-2,55
Futebol americano	Treinamento de verão (masculino)	2,14	1,1-3,18	1,42	0,57-2,54	1,7 kg (1,5%)	0,1-3,5 kg
Tênis	Competição de verão (masculino)	1,6	0,62-2,58	1,1	S/D	1,3	+0,3-2,9
	Competição de verão (feminino)	S/D	0,56-1,34	~0,9	S/D	0,7	+0,9-2,3
	Competição de verão (homens com tendência a cãibras)	2,6	1,79-3,41	1,6	0,80-2,40	S/D	S/D

Continua

Modalidade	Condição	Taxa de sudorese (L/h)		Consumo voluntário de líquidos (L/h)		Desidratação (% do peso corporal)	
		Média	Desvio	Média	Desvio	Média	Desvio
Squash	Competição (masculino)	2,37	1,49-3,25	0,98	S/D	1,28 kg	0,1-2,4 kg
Meia maratona	Competição de inverno (masculino)	1,49	0,75-2,23	0,15	0,03-0,27	2,42	1,30-3,6
Corrida em trilhas	Treinamento de verão (masculino)	1,77	0,99-2,55	0,57	0-1,3	~1,8	S/D
Ironman – Competição (homens e mulheres)	Etapa da natação	S/D	S/D	S/D	S/D	1 kg	+0,5-2,0 kg
	Etapa do ciclismo	0,81	0,47-1,08	0,89	0,60-1,31	+0,5 kg	+3,0-1,0 kg
	Etapa da corrida	1,02	0,4-1,8	0,63	0,24-1,13	2 kg	+1,5-3,5 kg
	Prova completa	S/D	S/D	0,71	0,42-0,97	3,5%	+2,5-6,1 %

S/D: sem dados (dados não avaliados).

Fonte: adaptado de ACSM, 2007.

Distúrbios eletrolíticos no exercício físico: ênfase em hiponatremia

De acordo com Martínez (2010), o quadro de hiponatremia é estabelecido quando a concentração plasmática de sódio atinge valores inferiores a 135 mmol/L. Já a hiponatremia associada ao exercício (EAH, na sigla em inglês) é caracterizada por valores inferiores a 135 mmol/L durante as 24 horas, ou após esse intervalo, depois do término da prática esportiva.

As consequências desse distúrbio podem ser leves, entre as quais se destacam sintomas como cefaleias, náuseas e vômitos. Os casos mais graves são acompanhados de convulsões, nível de consciência alterada, insuficiência respiratória, coma e até mesmo óbito.

Os mecanismos considerados responsáveis pela hiponatremia associada ao exercício incluem perda excessiva de sódio por meio da sudorese, ingestão de bebidas e alimentos sólidos com baixas concentrações desse eletrólito, consumo de volume excessivo de fluídos em geral, distúrbios da função renal, falhas na supressão da secreção de hormônio antidiurético e uso de medicamentos como os esteroides anti-inflamatórios (Martínez, 2010; Hew-Butler et al., 2005; Noakes et al., 2005; Montain et al, 2001). Entre essas causas, destacam-se os casos mais graves de hiponatremia causados pelo consumo excessivo de líquidos hipotônicos durante o exercício, que inclusive é explicitado pelo ganho de peso ao final do esforço físico (Noakes et al., 2005; Noakes et al., 2004; Speedy et al., 2000).

Atualmente, exercícios de *endurance* de duração muito longa têm despertado grande interesse por parte dos praticantes de atividade física e atletas, como a ultramaratona e as provas combinadas, como o *ironman*, entre outras. Essa popularidade elevou ainda mais a preocupação da comunidade científica em relação aos riscos de hiponatremia, uma vez que esse distúrbio parece estar diretamente relacionado à duração do exercício (Anastasiou et al., 2009).

Embora a hiponatremia seja mais comumente associada a eventos de *ultra-endurance*, casos menos graves têm sido documentados em eventos de menor duração, como a maratona. Durante a Maratona de Boston, foi encontrada uma incidência de 13% desse distúrbio entre os participantes, e, para maior preocupação dos pesquisadores, um dos atletas apresentou concentração plasmática de sódio abaixo de 120 mmol/L (Hitara, Vist e Liberali, 2008). Nesse estudo, houve correlação importante entre a hiponatremia e o ganho de peso ao longo da atividade (consumo excessivo de líquidos) e a duração (maior incidência após quatro horas de corrida).

Noakes et al. (2005) relataram oito óbitos entre maratonistas (cinco corredores e três recrutas do exército americano) em decorrência da EAH. Além desses óbitos, inúmeros casos de EAH têm sido diagnosticados, principalmente em eventos como as maratonas. Como exemplo, podem ser citadas incidências de 13,0% e 12,5% de EAH assintomático entre participantes das Maratonas de Boston (2002) e Londres (2006), respectivamente.

Adicionalmente, ao final da Maratona de Londres de 2003, 14 corredores registraram entrada em hospitais em decorrência da EAH, e muitos mais, pelo mesmo motivo, precisaram ser atendidos nas tendas médicas disponibilizadas no próprio local do evento (Goudie et al., 2006). De maneira similar, após a Maratona de Londres de 2007, em que ocorreu uma das oito mortes causadas por EAH, muitos outros corredores procuraram atendimento em hospitais próximos, apresentando sintomas de consciência alterada e encefalopatias causadas por esse distúrbio (Kipps, Sharma e Pedoe, 2011).

Diante desse cenário preocupante, pesquisas recentes têm dedicado atenção especial às bebidas adotadas pelos participantes de eventos esportivos de longa duração, tanto no que se refere à quantidade quanto à qualidade (Anastasiou, 2009).

Em estudo realizado recentemente, Williams et al. (2012) entrevistaram participantes da Maratona de Londres, no intuito de investigar o conhecimento dos maratonistas sobre o risco da hiponatremia, bem como avaliar as estratégias de reidratação planejadas por tais indivíduos. Como resultado, os pesquisadores identificaram que, embora 93,1% dos indivíduos tivessem lido ou ouvido falar sobre a EAH e recomendações de hidratação para o evento esportivo, 12% deles planejaram o consumo de bebidas que, do ponto de vista dos pesquisadores, poderiam submetê-los a grandes riscos de desenvolver esse distúrbio.

Dessa forma, embora a hiponatremia associada ao exercício seja um distúrbio descrito há muitos anos e sua incidência tenha sido alarmante em eventos como as maratonas, é possível concluir que corredores engajados nesse tipo de atividade ainda necessitam de maiores orientações no que se refere à prevenção de tal problema.

Desidratação *versus* hiponatremia associada ao exercício (EAH)

Diante do exposto nos itens já discutidos neste capítulo, é possível concluir que:

> O insuficiente consumo de líquidos durante o exercício pode causar a desidratação, que, por sua vez, pode levar o atleta ao óbito; em contrapartida, o consumo excessivo de líquidos durante a prática esportiva é capaz de desencadear a hiponatremia associada ao exercício, que também pode levar o indivíduo à morte. Sendo assim, como identificar o volume exato a ser oferecido e a composição ideal da bebida reidratante, a ponto de se evitar tanto uma situação quanto a outra?

De fato, até o ano de 1981, os atletas eram orientados a evitar o consumo de líquidos, e nenhum caso de EAH havia sido documentado. Em contrapartida, naquela época eram comuns os quadros de desidratação e hipertermia durante o exercício, o que culminava em queda de desempenho e repercussões cardíacas relevantes (Noakes et al., 2005).

Lopez et al. (2011) divulgaram o resultado de uma avaliação realizada com 14 corredores de *endurance* com idade média de 30 anos, que participaram de dois testes de 12 km de corrida, divididos em 3 sessões de 4 km, com 4 minutos de intervalo, em ambiente quente. No primeiro teste, denominado *desidratação*, os atletas não receberam nenhum tipo de bebida durante o esforço, nem nas 22 horas que antecederam a corrida. No segundo, os corredores a iniciaram normo-hidratados e receberam água durante os intervalos da corrida. Nas duas condições (desidratação e normo-hidratação), foram avaliadas variáveis como frequência cardíaca, temperatura retal, perda de peso, percepção de esforço e velocidade de corrida. Como resultado, os autores relatam que houve maior taxa de perda de peso, de elevação de temperatura corporal e de percepção de esforço no grupo desidratado (diferenças significativas), e que a velocidade de corrida foi significativamente menor nesse grupo.

Na tentativa de evitar casos graves de desidratação, diversos comitês, como o Colégio Americano de Medicina Esportiva, a Sociedade Brasileira de Medicina do Esporte e a Sociedade Internacional de Nutrição Esportiva, passaram a se dedicar à árdua tarefa de definir e divulgar recomendações para o consumo de bebidas reidratantes em momentos considerados fundamentais para um atleta: antes, no decorrer e depois do exercício físico. A seguir, algumas das recomendações divulgadas por esses comitês.

Hidratação no período pré-exercício

No geral, as recomendações para o consumo de líquidos no período que antecede o exercício têm como principal objetivo prevenir que o atleta já inicie sua sessão de exercícios em estado de desidratação. A maioria dos comitês recomenda a ingestão de cerca de 250 a 500 ml de líquidos nas duas horas que antecedem um exercício, havendo, portanto, tempo suficiente para excreção da água possivelmente ingerida em excesso (Machado-Moreira et al., 2006).

Hidratação durante o exercício

Em virtude das diferenças de condições ambientais e individuais, torna-se complexa a determinação generalizada de volumes a serem recomendados a qualquer tipo de atleta. Dessa forma, serão apresentadas a seguir sugestões de diferentes comitês:

- O Colégio Americano de Medicina Esportiva (ACSM, na sigla em inglês), em posicionamento publicado em 2007, orienta: a oferta de 400 a 800 mililitros de líquidos por hora de exercício intenso é considerada satisfatória para o processo de reidratação durante uma maratona. Tal flexibilidade de volumes prevê diferenças entre indivíduos e condições ambientais, de sorte que atletas mais pesados deverão receber maiores volumes, assim como aqueles que praticam exercícios em ambientes quentes e úmidos (ACSM, 2007).
- A Sociedade Brasileira de Medicina do Exercício e do Esporte (2009, p. 7) apresenta orientações bastante similares às divulgadas pela Sociedade Internacional de Nutrição Esportiva (ISSN, na sigla em inglês):

> Durante o exercício recomenda-se iniciar a ingestão já nos primeiros 15 minutos e continuar bebendo a cada 15 a 20 minutos. O volume a ser ingerido varia conforme as taxas de sudorese, geralmente entre 500 e 2.000 ml/hora.

- A Sociedade Internacional de Nutrição Esportiva (apud Kreider et al., 2010) orienta:

  - A taxa de sudorese observada entre atletas varia entre 0,5 e 2 litros por hora, de acordo com a intensidade do exercício, a temperatura ambiental, a umidade relativa do ar e as respostas individuais. Assim, na tentativa de se prevenir casos de desidratação, a oferta de fluidos deve ser também de 0,5 a 2 litros por hora, consumidos a cada 5 ou 15 minutos de exercício.
  - Caso os atletas consigam monitorar as alterações de massa corporal total ocorridas durante o exercício (equação de predição da taxa de sudorese), a perda de peso deverá ser um importante critério na determinação do volume de líquidos a ser consumido.

- Atletas não devem depender da sede para iniciar seu processo de hidratação, porque a sensação de sede parece surgir apenas quando uma grande quantidade de suor já tenha sido perdida, de modo que o início da desidratação já teria se instalado, assim como a perda de desempenho.

Corroborando a orientação da Sociedade Internacional de Nutrição Esportiva no que se refere à sede como sinalizador ineficaz para o consumo de líquidos durante o exercício, Passe et al. (2007) avaliaram 18 corredores experientes durante uma maratona. Ao longo da corrida, esses atletas foram orientados a consumir líquidos livremente, de acordo com sua sede. Como resultado, foi observado que, em média, o grupo consumiu apenas 33% do volume de líquidos perdidos por meio da sudorese e terminou a corrida com aproximadamente 1,9% de perda hídrica. Estudos como esse nortearam a recomendação de que as estratégias de hidratação devem ser iniciadas antes mesmo de a sensação de sede surgir, devendo inclusive ser realizada com intervalos curtos (a cada 5 ou 15 minutos).

Em contrapartida, trabalhos recentemente publicados têm criticado veementemente as recomendações citadas, tanto no que se refere ao volume quanto à frequência de consumo (5 ou 15 minutos), e consideram, inclusive, que a sede seria um importante instrumento de identificação do momento ideal para consumo de líquidos (Machado-Moreira, 2006; Rüst et al., 2012; Wilk, Timmons e Bar-Or, 2010).

Diversos autores têm relatado que o volume sugerido pelo ACSM e pela ISSN seria excessivo e capaz de provocar ganho de peso indesejável aos atletas, culminando em perda de velocidade em corridas e ciclismo. Além disso, caso o líquido ingerido em excesso apresente baixas concentrações de sódio, poderiam ser desencadeados os tão temidos quadros de hiponatremia, descritos anteriormente neste capítulo (Machado-Moreira, 2006; Rüst et al., 2012; Wilk Timmons e Bar-Or, 2010).

Segundo Machado-Moreira (2006), diversas publicações têm ressaltado que a reposição hídrica guiada pela sede pode ser suficiente para a manutenção das respostas termorregulatórias e da capacidade de realizar exercício, mesmo com a pequena desidratação involuntária frequentemente observada nessa situação. Consequentemente, o peso corporal não seria aumentado, e o risco de hiponatremia por diluição seria reduzido.

É fundamental compreender em quais condições esses estudos foram realizados (duração do esforço, temperatura e umidade ambientais, entre outras).

Carmo et al. (2004) verificaram que a ingestão de água *ad libitum* (ou seja, de acordo com a vontade própria) foi suficiente para manter o estado eu-hidratado de indivíduos que se exercitaram por uma hora em ambiente quente e seco, ao passo que, se eles tivessem ingerido o volume recomendado pelo ACSM (2007), teriam consumido mais água do que o necessário. Vale ressaltar que exercícios com duração de 60 minutos não são caracterizados como os de maior risco para atletas.

Em estudo de campo realizado durante sessões de treinamento de voleibol, foi observado que a ingestão de água *ad libitum* repôs aproximadamente 60% das perdas hídricas, o que resultou em variação de peso corporal inferior a 1%. Isso indica que os jogadores terminaram as sessões de treinamento eu-hidratados (Vimieiro-Gomes e Rodrigues, 2001).

Cheuvront e Haymes (2001) demonstraram que a temperatura corporal foi mantida ao longo de exercícios realizados por corredoras que ingeriram água de acordo com a sede. Como consequência, as corredoras repuseram entre 60% e 70% das perdas hídricas pela sudorese e terminaram o esforço com perda de peso inferior a 3% e temperatura retal em 39 °C, dados esses considerados satisfatórios pelos autores. É fundamental ressaltar que a taxa de sudorese em mulheres é significativamente menor em relação à verificada em homens (Eijsvogels et al., 2011).

Em resumo, no que se refere ao volume de fluidos e às possíveis alterações de peso corporal durante o exercício, pode-se destacar:

- Os volumes recomendados pelos comitês parecem superestimar a perda hídrica, podendo provocar ganho de peso e, consequentemente, queda de desempenho. No entanto, mais estudos são necessários para comprovar essa suspeita.
- O consumo de líquidos de acordo com a sede (*ad libitum*) parece promover a recuperação de aproximadamente 60% a 70% da perda hídrica causada pela sudorese, culminando em taxas de desidratação pouco significativas (máximo de 3%). Contudo, o número de publicações que corroboram essa afirmação ainda é pouco significativo para determinar novas recomendações.
- Para evitar ganhos de peso indesejáveis durante o exercício, é fundamental que a taxa de sudorese seja estimada (equação de predição da taxa de sudorese). Conhecendo-se a perda hídrica pela sudorese, é possível planejar a reposição mais próxima do volume perdido, prevenindo-se alterações de peso não desejadas.
- No que se refere à hiponatremia, não só o volume, mas também a composição das bebidas devem ser considerados.

Composição das bebidas: inclusão de sódio e carboidrato

Os principais objetivos a serem cumpridos pelas bebidas esportivas são:

- repor elementos que compõem o suor;
- repor nutrientes oxidados como substrato energético.

Reposição de elementos que compõem o suor

O suor é composto principalmente por água e cloreto de sódio, apresentando também menores concentrações de potássio, cálcio e magnésio (Maughan e Nadel, 2000). Estudos recentes têm se dedicado a discutir principalmente a reposição da água e do sódio por meio das bebidas esportivas.

Tabela 19.4 – Composição de eletrólitos em diferentes líquidos corporais

	Suor (mmol/l)	Plasma (mmol/l)	Intracelular (mmol/l)
Sódio	20-80	130-155	10
Potássio	4-8	3,2-5,5	150
Cloreto	20-60	96-110	8
Cálcio	0-1	2,1-2,9	0
Magnésio	<0,2	0,7-1,5	15
Bicarbonato	0-35	23-28	10
Fosfato	0,1-0,2	0,7-1,6	65
Sulfato	0,1-0,2	0,3-0,9	10

Fonte: Maughan e Nadel, 2000.

Para corridas de duração relativamente curta (menos que uma hora), de intensidade leve a moderada, em que o risco de hiponatremia é relativamente baixo, a água consiste em opção interessante de reidratação. Ademais, a água é facilmente disponível, de baixo custo e ocasiona esvaziamento gástrico razoavelmente rápido (Sociedade Brasileira de Medicina do Exercício e do Esporte, 2009).

Para corridas com duração acima de 60 minutos, a inclusão de sódio torna-se estratégia de precaução, visando evitar possíveis quadros de hiponatremia. A concentração de sódio no suor varia individualmente, de acordo com fatores como a idade, grau de condicionamento e a aclimatização ao calor (Tabela 19.4). No geral, a concentração média de sódio no suor de um adulto consiste em 40 mEq/L. Supondo-se que um indivíduo de 70 kg corra por três horas e perca três litros de suor nesse período, sua perda total de sódio seria de 120 miliequivalentes. Segundo a Sociedade Brasileira de Medicina do Exercício e do Esporte (2009), tal perda seria considerada irrelevante não fosse o risco de hiponatremia, decorrente de reposição hídrica com líquidos isentos de sódio ou com pouco sódio.

Desse modo, recomenda-se beber líquidos contendo de 460 a 690 mg de sódio por litro de bebida (20 a 30mEq·L^{-1} de sódio), o que corresponde à concentração similar ou mesmo inferior àquela encontrada no suor de um indivíduo adulto.

Reposição de nutrientes oxidados como substrato energético

A degradação de nutrientes durante a corrida depende de uma série de fatores, como duração, intensidade, condições ambientais e refeição consumida no período pré-exercício (Kreider et al., 2010). Para se planejar a adequada reposição de nutrientes oxidados, é fundamental conhecer cada fator capaz de interferir na participação dos nutrientes na contração muscular:

- Duração e intensidade: sabe-se que o custo energético de corridas de curtíssima duração (até 30 segundos) costuma ser predominantemente derivado da degradação de fosfocreatina (sistema ATP-CP) e de glicose (glicólise anaeróbia). Em corridas com duração a partir de de 60 segundos, a glicólise anaeróbia contribui com aproximadamente 45% da energia gasta para a contração muscular. Com o prolongamento da duração, os sistemas aeróbios de produção de ATP passam a predominar, contando com a participação de nutrientes como a glicose, os ácidos graxos e até mesmo dos aminoácidos.

- Condições ambientais: sabe-se que a elevação da temperatura ambiental e corporal está diretamente relacionada à maior estimulação da via glicolítica. Atletas que praticam a corrida com roupas inadequadas e em ambientes demasiadamente quentes podem apresentar depleções de glicogênio mais rapidamente.

- Dieta pré-exercício: o consumo insuficiente de carboidratos no período pré-exercício costuma elevar a taxa de degradação lipídica e até mesmo de aminoácidos. Em período de estresse nutricional (baixa ingestão de energia ou de carboidratos) ou metabólico (treinamento exaustivo ou exercícios prolongados e intensos), a quantidade diária de oxidação de aminoácidos poderia exceder aquela observada em indivíduos sedentários ou em indivíduos com atividade física em nível recreativo. Em contrapartida, o reduzido consumo de carboidratos nos períodos que antecedem o exercício não tem sido considerado um benefício para o desempenho esportivo, pois a síntese de ATP a partir dos ácidos graxos apresenta velocidade três vezes menor em comparação à degradação da glicose, assim como a elevada degradação de aminoácidos pode gerar altas concentrações de amônia intramuscular.

Nas corridas de rua, nas quais predominam os sistemas aeróbios de produção de ATP, a participação do sistema ATP-CP torna-se pouco relevante. Estudos atuais têm discutido a oferta de carboidratos, ácidos graxos (gordura) e aminoácidos durante o exercício.

Carboidrato nas bebidas esportivas

Dentre os três nutrientes citados, o carboidrato certamente é aquele que apresenta menor armazenamento corporal (cerca de 500 g, contra, por exemplo, aproximadamente 15 kg de gordura corporal). Dessa forma, a depleção do glicogênio (estoque de carboidrato) ocorre de maneira muito mais significativa e preocupante que a possível degradação dos estoques de gordura corporal. Segundo a Sociedade Brasileira de Medicina do Exercício e do Esporte (2009), a ingestão de bebidas com 6% a 8% de carboidratos durante atividades prolongadas (menos de uma hora) pode aperfeiçoar o desempenho e retardar a fadiga nas modalidades esportivas que envolvem exercícios de alta intensidade.

Para melhor identificar a quantidade de carboidratos a ser consumida durante corridas, deve-se calcular a oferta desse nutriente de acordo com o peso corporal de cada atleta, em uma recomendação de 0,5 a 1 g para cada quilo de peso por hora de exercício (Burke et al., 2001).

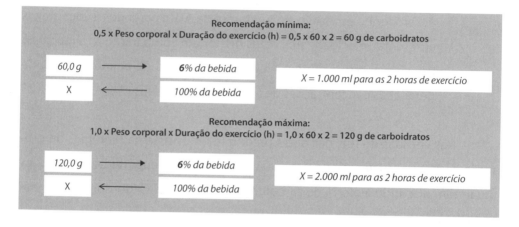

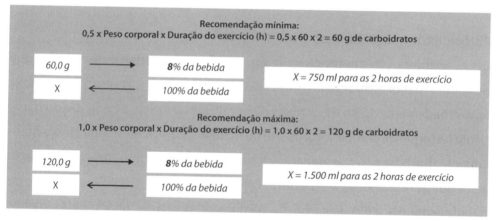

Figura 19.1 – Exemplos de planejamento de bebidas carboidratadas a 6% e 8% para um corredor de 60 kg de peso corporal.

De acordo com a figura acima, pode-se notar que há uma variação acentuada no volume de carboidrato (de 60 g a 120 g) e no volume de fluidos (de 750 ml a 2.000 ml) a serem oferecidos ao corredor. Vale ressaltar que a oferta de carboidrato deverá ser diretamente proporcional à intensidade do exercício, e o volume de fluidos deve considerar o cálculo individual da taxa de sudorese.

Preferencialmente, deve ser utilizada uma mistura de glicose, frutose e sacarose, pois o uso isolado de frutose pode causar distúrbios gastrointestinais e retardar a absorção desse açúcar (Jentjens et al., 2006). A inclusão de sódio nas bebidas reidratantes promove maior absorção de água e carboidrato pelo intestino durante e após o exercício, pois o transporte de glicose na mucosa do enterócito é acoplado ao transporte de sódio, por meio do transportador SGLT1 (Figura 19.2). Assim, evidencia-se mais uma vez a importância da inclusão de sódio nas bebidas esportivas, pois, além de prevenir a hiponatremia, eleva a velocidade de absorção do carboidrato e da água.

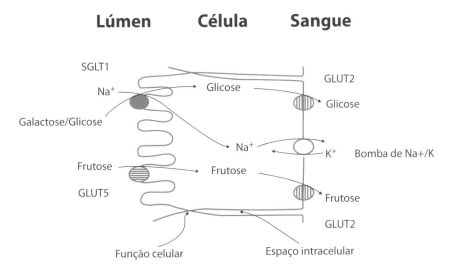

FIGURA 19.2 – Modelo clássico de absorção intestinal de glicose no enterócito. Na membrana apical, a glicose é transportada ativamente para o espaço intracelular, principalmente pelo transportador ativo de glicose dependente de sódio (SGLT1). Na membrana basolateral, a glicose é transportada a favor do gradiente de concentração por meio do GLUT2. A molécula de frutose, por sua vez, é transportada pelo GLTU5 até a membrana apical pelo GLUT2 na membrana basolateral.
Fonte: adaptado de Araújo e Martel, 2009.

Lípides nas bebidas esportivas

Apesar de os estoques de gorduras corporais serem significativamente mais elevados que os de glicogênio, muitos estudos foram realizados no intuito de avaliar os efeitos da suplementação de triacilgliceróis de cadeia média (TCM) na busca da melhora de *performance*. Esse protocolo de suplementação visa à preservação do glicogênio muscular e hepático, mas essa estratégia é sistematicamente desencorajada, pois doses elevadas de TCM (maiores que 30 g) têm demonstrado causar desconforto gástrico nos atletas em geral, inclusive em corredores (Ferreira, Barbosa e Ceddia, 2003; Kern et al., 2000).

Aminoácidos de cadeia ramificada (ACR ou BCAAs) nas bebidas esportivas

O fato de os aminoácidos de cadeia ramificada serem degradados (trasaminados) preferencialmente no músculo esquelético tornou-os alvo de inúmeras pesquisas no âmbito da nutrição esportiva. Segundo Rogero e Tirapegui (2008), os ACR são extensivamente utilizados por atletas, com base na premissa de que tais suplementos poderiam impedir a fadiga central, diminuir o grau de lesão muscular induzida pelo exercício físico e aumentar a *performance* de indivíduos que se exercitam em ambientes quentes. Contudo, um potencial efeito prejudicial da suplementação com ACR, dependendo da dose administrada, é o aumento das concentrações plasmática e muscular de amônia, que atua como agente de fadiga. Além disso, de acordo com diversos estudos, evidencia-se que a suplementação com ACR não aumenta a *performance* quando comparada à suplementação de carboidratos (Rogero e Tirapegui, 2008; Calders et al., 1999; Davis et al., 1999; Van Hall et al., 1999).

Diante do exposto, pode-se concluir que a composição da bebida esportiva deve contemplar:

- Adequada oferta de sódio, para prevenção da hiponatremia e para elevar a velocidade de absorção de carboidratos e água: de 20 a 30 mEq/L (460 a 690 mg/L);
- Oferta apropriada de carboidrato, no intuito de postergar a depleção de glicogênio e poupar a degradação intensa de aminoácidos: de 0,5 a 1 g de carboidrato/kg peso corporal/hora de corrida, representando de 6% a 8% da solução.

Hidratação no período pós-exercício

Publicações recentes têm sugerido que a ingestão hídrica durante o exercício não deveria atingir 100% do volume perdido pela sudorese, garantindo assim uma leve perda de peso considerada interessante para o desempenho, sem acarretar em desidratação relevante (menor que 2% do peso corporal). Além dessa suposição, deve-se ainda considerar que a elevada taxa de sudorese desencadeada pelo exercício não cessa imediatamente após o término dele. Portanto, os riscos de desidratação e queda de volume plasmático também persistem mesmo depois do encerramento do esforço físico.

Segundo Biesek, Alves e Guerra (2005), a reidratação ideal de um atleta deve contemplar o consumo de aproximadamente 150% do volume perdido por meio do suor. Assim, no período pós-exercício, deve-se descontar o volume de fluidos já ingeridos durante a corrida dos 150% considerados como meta. O resultado consiste no volume a ser ingerido após a atividade.

Para melhor ilustrar as informações descritas, veja-se um exemplo:

Atleta de 60 kg de peso corporal
Treinamento: corrida durante duas horas em intensidade alta.
Peso pós-treino: 58,8 kg.
Volume urinário durante o treinamento: zero (não urinou).
Consumo de líquidos observado: 300 ml (0,3 litro).

Teste para identificação de taxa de sudorese:
Taxa de sudorese (L/hora) = (Peso corporal pré-exercício - Peso corporal pós-exercício) +
(CL - VU) / Duração do exercício (hora)
Taxa de sudorese (L/hora) = (60,0 - 58,8) + (0,3 - 0) / 2 = 0,75 L/hora.

Estimada a taxa de sudorese desse atleta, sabe-se que ele deve planejar para os próximos treinamentos ou competições um consumo de 150% da perda hídrica total, ou seja:
Taxa de sudorese calculada: 0,75 litro por hora.

> *Para um treinamento de duas horas: sudorese de 1,5 litro.*
>
> *Reposição "ideal": 1,5 litro x 150% = 2,25 litros.*
>
> *Caso esse atleta consiga ingerir, <u>por exemplo,</u> 1,5 litro de bebida <u>durante o exercício,</u> restaria aproximadamente um volume de 0,75 litro para ser consumido <u>após o término</u> do treinamento ou competição.*

No período pós-exercício, a bebida também deve conter sódio para continuar prevenindo possíveis quadros de hiponatremia. E, se houver desejo de rápida recuperação de glicogênio muscular, é sugerida a ingestão de aproximadamente 1 g de carboidrato para cada quilo de peso corporal do atleta, afinal, a elevada permeabilidade da célula à glicose (posicionamento de GLUT4), a maior atividade da enzima glicogênio sintase e a maior sensibilidade à insulina observadas no momento pós-exercício facilitam substancialmente a síntese de glicogênio (Burke et al., 2001).

Estratégias complementares

Além de fatores fundamentais, como o volume e a composição das bebidas reidratantes, devem ser considerados fatores complementares, como:

- Temperatura da bebida: segundo as recomendações postuladas pela Sociedade Brasileira de Medicina do Exercício e do Esporte (2009), a ingestão de bebidas geladas influencia apenas a palatabilidade, facilitando a aderência dos atletas ao programa de hidratação. Não existem evidências atuais de que bebidas geladas facilitem a absorção da água ou dos nutrientes que a acompanham. Alguns pesquisadores afirmam que, ao chegar ao estômago, a temperatura do líquido ingerido estaria próxima da temperatura corporal.
- Fatores "desidratantes": além da grande preocupação com a capacidade desidratante do exercício físico, é fundamental que os atletas

fiquem atentos a outros fatores capazes de reduzir a hidratação corporal, como o consumo de bebidas alcoólicas, de elevadas doses de cafeína, exposição ao sol, uso de fármacos diuréticos e de laxantes, assim como a permanência em ambientes como a sauna. Todos esses fatores devem ser evitados pelos corredores nos momentos próximos ao exercício.

Considerações finais

De acordo com os estudos discutidos neste capítulo, não há dúvidas quanto à importância da adequada reposição de líquidos, sódio e carboidratos durante o exercício, embora ainda haja discussões e controvérsias no que se refere ao volume e à frequência de consumo das bebidas reidratantes.

Até o presente momento, os principais comitês nacionais e internacionais, norteadores de condutas nutricionais no esporte, continuam orientando o consumo em caráter preventivo (antes mesmo do surgimento da sede) e em volumes elevados (150% da perda via sudorese) de bebidas compostas por água, sódio e carboidrato.

Em contrapartida, estudos recentes têm sugerido que a sede poderia ser adotada como mecanismo de controle da hidratação corporal e que volumes mais restritos poderiam ser mais interessantes para o ganho de *performance*, uma vez que causariam perdas de peso pouco significativas (inferiores a 3% do peso corporal inicial). Destaque-se, todavia, que são trabalhos recentes e isolados, e que, portanto, é necessária uma revisão sistemática da literatura, para que de fato novas recomendações sejam elaboradas pelos comitês responsáveis.

Referências

Referências

Achour Junior, A. *Exercícios de alongamento*: anatomia e fisiologia. São Paulo: Manole, 2006.

ACSM – American College of Sports Medicine. *ACSM's guidelines for exercise testing and prescription*. 6. ed. Philadelphia; London: Lippincott Williams & Wilkins, 2000.

_____. *Diretrizes do ACSM para os testes de esforço e sua prescrição*. 6. ed. Rio de Janeiro: Guanabara Koogan, 2003a.

_____. Manual de pesquisa das diretrizes do ACSM para os testes de esforço e sua prescrição. 4. ed. Rio de janeiro: Guanabara Koogan, 2003b.

_____. *ACSM's guidelines for exercise testing and prescription*. 7. ed. Philadelphia; London: Lippincott Williams & Wilkins, 2004.

_____. American College of Sports Medicine position stand. Exercise and fluid replacement. *Med. Sci. Sports Exerc.*, v. 39, n. 2, p. 377-90, Feb. 2007.

_____. Quantity and quality of exercise for developing and maintaining cardiorespiratory, musculoskeletal, and neuromotor fitness in apparently healthy adults: guidance for prescribing exercise. *Med. Sci. Sports Exerc.*, v. 43, n. 7, p. 1334-59, 2011.

ADOLPH, E. F.; DILL, D. B. Observations on water metabolism in the desert. *Am. J. Physiol.*, v. 123, p. 369-78, 1938.

ALMEIDA, M. B.; ARAÚJO, C. G. S. Efeitos do treinamento aeróbico sobre a frequência cardíaca. *Rev. Bras. Med. Esporte*, v. 9, n. 2, mar./abr. 2003.

ALMOND, C. S. et al. Hyponatremia Among Runners in the Boston Marathon. *N. Engl. J. Med.*, v. 352, n. 15, p. 1550-6, 2005.

AMORIM, P. E. S. Fisiologia do exercício: considerações sobre o controle do treinamento aeróbico. *Revista Mineira de Educação Física*, v. 10, n. 1, p. 50-61, 2002.

ANASTASIOU, C. A. et al. Sodium replacement and plasma sodium drop during exercise in the heat when fluid intake matches fluid loss. *J. Athl. Train.*, v. 44, n. 2, p. 117-23, Mar./Apr. 2009.

ANDREWS, J. R.; HARRELSON, G. L.; WILK, K. E. *Reabilitação física das lesões esportivas.* 2. ed. Rio de Janeiro: Guanabara Koogan, 2000.

ARAÚJO, J. R.; MARTEL, F. Regulação da absorção intestinal de glicose: uma breve revisão. *Arq. Med.*, Porto, v. 23, n. 2, mar. 2009.

ARRUDA, M. et al. Futebol: uma nova abordagem de preparação física e sua influência na dinâmica da alteração dos índices de força rápida e resistência de força em um macrociclo. *Rev. Trein. Desp.*, v. 4, n. 1, p. 23-8, 1999.

ÅSTRAND, P-O. Aerobic Capacity in Men and Women with Special Reference to Age. *Acta Physiol. Scand. Suppl.*, v. 49, n. 169, p. 1-92, 1960.

ÅSTRAND, P-O.; RODAHL, K. *Textbook of work physiology.* New York: McGraw-Hill, 1986.

ÅSTRAND, P-O. et al. *Tratado de fisiologia do trabalho.* 4. ed. Porto Alegre: Artmed, 2006.

BAHRKE, M. S.; MORGAN, W. R. Evaluation of the ergogenic properties of ginseng: an update. *Sports Med.*, v. 29, p. 113-33, 2000.

BARBOSA, F. P. et al. Estudo comparativo de equações de estimativa da frequência cardíaca máxima. *Fitness e Performance Journal*, v. 3, n. 1, p. 108-14, 2004.

BIESEK, S.; ALVES, A. L.; GUERRA, I. *Estratégias de Nutrição e Suplementação no Esporte.* Barueri: Manole, 2005.

BILLAT, V. L. et al. Physical and training characteristics of top-class marathon runners. *Med. Sci. Sports Exerc.*, v. 33, n. 12, p. 2089-97, 2001.

BLOMSTRAND, E.; NEWSHOLME, E. A. Effect of branched-chain amino acid supplementation on the exercise-induced change in aromatic amino acid concentration in human muscle. *Acta Physiol. Scand.*, v. 146, n. 3, p. 293-8, 1992.

BOMPA, T. *Periodização*: teoria e metodologia do treinamento. 4. ed. São Paulo: Phorte, 2002.

BONACCI, J. et al. Neuromuscular adaptations to training, injury and passive interventions: implications for running economy. *Sports Med.*, v. 39, n. 11, p. 903-21, 2009.

BOOTH, F. W. et al. Waging war on modern chronic diseases: primary prevention through exercise biology. *J. Appl. Physiol.*, v. 88, p. 774-87, 2000.

BORG, G. A. Perceived exertion: a note on "history" and methods. *Med. Sci. Sports*, v. 5, n. 2, p. 90-3, 1973.

BOUTCHER, S. H. High-intensity intermittent exercise and fat loss. *J. Obes.*, p. 86-98, 2011.

BRANDÃO, M. R.; FIGUEIRA JÚNIOR, A. Performance esportiva: uma análise multidimensional. *Rev. Trein. Desp.*, São Paulo, v. 1, n. 1, p. 58-72, 1996.

BRUM, P. C. et al. Adaptações agudas e crônicas do exercício físico no sistema cardiovascular. *Rev. Paul. Educ. Fís.*, São Paulo, v. 18, p. 21-31, ago. 2004.

BUCHANAN, S. K. et al. Crystal structure of the outer membrane active transporter FepA from Escherichia coli. *Nat. Struct. Biol.*, v. 6, n. 1, p. 56-63, Jan. 1999.

BURGOMASTER, K. A.; HEIGENHAUSER, G. J. F.; GIBALA, M. J. Effect of short-term sprint interval training on human skeletal muscle carbohydrate metabolism during exercise and time trial performance. *J. Appl. Physiol.*, v. 100, p. 2041-7, 2006.

BURGOMASTER, K. A. et al. Six sessions of sprint interval training increases muscle oxidative potential and cycle endurance capacity in humans. *J. Appl. Physiol.*, v. 98, p. 1985-90, 2005.

BURKE, L. et al. Guidelines for daily carbohydrate intake: do athletes achieve them? *Sports Med.*, v. 31, p. 267-99, 2001.

CALDERS, P. et al. Effect of Branched-Chain Amino Acids (BCAA), Glucose, and Glucose Plus BCAA on Endurance Performance in Rats. *Med. Sci. Sports Exerc.*, v. 31, n. 4, p.583-7, Apr. 1999.

CARMO, F. F. D. et al. Volume de água ingerida *ad libitum* e volume de suor produzido durante um exercício submáximo e prolongado realizado em ambiente quente e seco. In: Reunião Anual da FeSBE, *Anais...* Águas de Lindoia, 2004. p.19.

CARVALHO, T. et al. Diretriz de Reabilitação Cardiopulmonar e Metabólica: Aspectos Práticos e Responsabilidades. *Arqu. Bras. Cardiol.,* v. 86, n. 1, p. 74-82, jan. 2006.

CASA, D. J. et al. National Athletic Trainers' Association position statement: fluid replacement for athletes. *J. Athl. Train.,* v. 35, n. 2, p. 212-24, 2000.

CAVAGNA, G. A. The landing-take-off asymmetry in human running. *J. Exp. Biol.,* v. 209, p. 4051-60, 2006.

CHATZOPOULOS, D. E. et al. Postactivation potentiation effects after heavy resistance exercise on running speed. *J. Strength Cond. Res.,* v. 21, n. 4, p. 1278-81, 2007.

CHEUVRONT, S. N. HAYMES, E. M. Ad libitum fluid intakes and thermoregulatory responses of female distance runners in three environments. *J. Sports Sci.,* v. 19, n. 11, p. 845-54, 2001.

CIPRIANO, J. *Manual fotográfico de testes ortopédicos.* 3. ed. São Paulo: Manole, 1998.

CLINGHAN, R. et al. Do you get value for money when you buy an expensive pair of running shoes? *Br. J. Sports Med.,* v. 42, n. 3, p. 189-93, 2008.

CONTE, C.; DASTUGUE, B.; VAURY, C. Coupling of enhancer and insulator properties identified in two retrotransposons modulates their mutagenic impact on nearby genes. *Mol. Cell. Biol.,* v. 22, n. 6, p. 1767-77, 2002.

COOPER, D. M.; BARSTOW, T. J. Blood glucose turnover during exercise above and below the lactate threshold. *J. Appl. Physiol.,* Bethesda, v. 74, n. 5, p. 2613-4, 1993.

COOPER, K. H. A means of assessing maximum oxygen intake: correlation between field and treadmill testing. *JAMA,* v. 203, n. 3, p. 201-4, 1968.

COSTILL, D. L. et al. Energy expenditure during front crawl swimming: predicting success in middle-distance events. *Int. J. Sports Med.,* v. 6, n. 5, p. 266-70, Oct. 1985.

COYLE, E. F. et al. Determinants of endurance in well-trained cyclists. *J. Appl. Physiol.,* v. 64, p. 2622-30, 1988.

CYRIAX, J. H.; CYRIAX, P. J. *Manual ilustrado de medicina ortopédica de Cyriax.* São Paulo: Manole, 2001.

DANTAS, E. H. M. *A prática da preparação física.* 5. ed. Rio de Janeiro: Shape, 2003.

DAVIS, J. M. et al. Effects of branched-chain amino acids and carbohydrate on fatigue during intermittent, high-intensity running. *Int. J. Sports Med.,* v. 20, n. 5, p. 309-14, 1999.

DAWSON, B. et al. Effect of vitamin C and E supplementation on biochemical and ultrastructural indices of muscle damage after a 21 km run. *Int. J. Sports Med.*, v. 23, n. 1, p. 10-5, 2002.

DE LA ROSA, A. F. *Treinamento desportivo*: carga, estrutura e planejamento. São Paulo: Phorte, 2006.

DEL AGUILA, L. F. et al. Muscle damage impairs insulin stimulation of IRS-1, PI3-kinase, and Akt-kinasein human skeletal muscle. *Am. J. Physiol. Endocrinol. Metab.*, v. 279, n. 1, p. E206-12, 2000.

DIVERT, C. et al. Barefoot-shod running differences: shoe or mass effect? *Int. J. Sports Med.*, v. 29, n. 6, p. 512-8, 2008.

EIJSVOGELS T. M. et al. Sex difference in fluid balance responses during prolonged exercise. *Scand. J. Med. Sci. Sports*, v. 23, n. 2, p. 198-206, Mar. 2011.

EVANGELISTA, A. L. *Treinamento de corrida de rua*: uma abordagem fisiológica e metodológica. São Paulo: Phorte, 2009.

_____. *Treinamento de força e flexibilidade aplicado à corrida de rua*: uma abordagem prática. São Paulo: Phorte, 2010.

EVANGELISTA, A. L.; RIBEIRO, K. C. B.; PIZÃO, P. E. Quality of life in patients who underwent a program of aerobic exercises after being treated for breast cancer. *Medicine & Science in Sports & Exercise,* New Orleans, v. 39, n. 5, p. S453, 2007.

FARINATTI, P. T. V. Apresentação de uma versão em português do compêndio de atividades físicas: uma contribuição aos pesquisadores e profissionais em Fisiologia do Exercício. *Rev. Bras. Fisiol. Exerc.*, v. 2, p. 177-208, 2003.

_____. *Envelhecimento*: promoção da saúde e exercício. São Paulo: Manole, 2008.

FERNANDES, R. J. et al. Time limit and VO_2 slow component at intensities corresponding to VO_2max in swimmers. *Int. J. Sports Med.*, v. 24, n. 8, p. 576-81, Nov. 2003.

FERNANDEZ, E. Fisiologia del aparato cardiovascular: respuestas y adaptaciones al ejercicio. In: Marqueta, P.; Ferrero, A. (Ed.). *Fisiología del ejercicio aplicado al deporte*. Aragón: Diputación General de Aragón, 1998.

FERRAUTI, A.; BERGERMANN, M.; FERNANDEZ-FERNANDEZ, J. Effects of a concurrent strength and endurance training on running performance and running economy in recreational marathon runners. *J. Strength Cond. Res.*, v. 24, n. 10, p. 2770-8, 2010.

FERREIRA, A. M. D.; BARBOSA, P. E. B.; CEDDIA, R. B. A influência da suplementação de triglicerídeos de cadeia média no desempenho em exercícios de ultra-resistência. *Rev. Bras. Med. Esporte*, v. 9, n. 6, nov./dez. 2003.

FERREIRA, V. A.; MAGALHÃES, R. Obesidade no Brasil: tendências atuais. *Revista Portuguesa de Saúde Pública*, Lisboa, v. 24, n. 2, p. 71-81, 2006.

FREDERICK, E. C. Physiological and ergonomics factors in running shoe design. *Appl. Ergon.*, v. 15, p. 281-7, 1984.

FREITAS, G. M. et al. Comparação da frequência cardíaca máxima (FCM) calculada por 21 equações e FCM obtida em exercícios de corrida em homens e mulheres. *Rev. Min. Educ. Fís.*, Viçosa, v. 11, n. 1, p. 149-58, 2002.

FROELICHER, V. F. et al. *Exercício e o coração*. 3. ed. Rio de Janeiro: Revinter, 1998.

GIBALA, M. J. High-intensity interval training: a time-efficient strategy for health promotion? *Curr. Sports Med. Rep.*, v. 6, n. 4, p. 211-3, 2007.

GIBALA, M. J.; McGEE, S. L. Metabolic adaptations to short-term high-intensity interval training: a little pain for a lot of gain? *Exerc. Sport Sci. Rev.*, v. 36, n. 2, p. 58-63, 2008.

GIBALA, M. J. et al. Short-term sprint interval versus traditional endurance training: similar initial adaptations in human skeletal muscle and exercise performance. *J. Physiol.*, v. 15, p. 901-11, 2006.

_____. Physiological adaptations to low-volume, high-intensity interval training in health and disease. *J. Physiol.*, v. 590, p. 1077-84, May 2012. (Pt5).

GOLDENBERG, D. L.; BURCKHARDT, C.; CROFFORD, L. Management of fibromyalgia syndrome. *JAMA*, v. 292, n. 19, p. 2388-95, Nov. 2004.

GOMES, A. C. *Treinamento desportivo*: estrutura e periodização. 2. ed. Porto Alegre: Artmed, 2009.

GOUDIE, A. M. et al. Exercise-associated hyponatraemia after a marathon: case series. *J. R. Soc. Med.*, v. 99, p. 363-7, 2006.

GUELLICH, A.; SEILER, S.; EMRICH, E. Training methods and intensity distribution of young world-class rowers. *Int. J. Sports Physiol. Perform.*, v. 4, p. 448-60, 2009.

GUIMARÃES, J. I. (Coord.). Normatização de técnicas e equipamentos para realização de exames em ergometria e ergoespirometria. *Arq. Bras. Cardiol.*, São Paulo, v. 80, n. 4, p. 458-64, abr. 2003.

HAGBERG, J. et al. Effect of exercise training on 60 to 69 year old persons with essential hypertension. *Am. J. Cardiol.*, v. 64, p. 348-53, 1989.

_____. Position stand: physical activity, physical fitness, and hypertension. *Med. Sci. Sports Exerc.*, v. 25, p. 1-10, 1993.

HAUSER, C.; BENETTI, M.; REBELO, F. P. V. Estratégias para o emagrecimento. *Rev. Bras. Cinean. Desemp. Humano*, Florianópolis, v. 6, n. 1, p. 72-81, 2004.

HERNANDEZ, A. J.; NAHAS, R. M. Modificações dietéticas, reposição hídrica, suplementos alimentares e drogas: comprovação de ação ergogênica e potenciais riscos para a saúde. *Rev. Bras. Med. Esporte*, v. 15, n. 3, 2009. Suplemento.

HERZOG, W. Running injuries: is it a question of evolution, form, tissue properties, mileage, or shoes? *Exerc. Sport Sci. Rev.*, v. 40, n. 2, p. 59-60, 2012.

HEW-BUTLER, T. et al. Consensus statement of the 1st International Exercise-Associated Hyponatremia Consensus Development Conference, Cape Town, South Africa 2005. *Clin. J. Sport Med.*, v. 15, n. 4, p. 208-13, 2005.

HILLMAN, S. K. *Avaliação prevenção e tratamento imediato de lesões desportivas*. São Paulo: Manole, 2002.

HIRATA, N. R.; VIST, P.; LIBERALI, R. Hiponatremia em atletas. *Rev. Bras. Nutr. Esp.*, São Paulo, v. 2, n. 12, p. 462-71, nov./dez. 2008.

HOLLMANNA, W. et al. Physical activity and the elderly. *Eur. J Cardiovasc. Prev. Rehabil.*, v. 14, p. 730-9, 2007.

IDE, B. N.; LOPES, C. R.; SARRAIPA, M. F. *Fisiologia do treinamento esportivo*: força, potência, velocidade, resistência, periodização e habilidades psicológicas. São Paulo: Phorte, 2010.

IKEZAWA, T.; NISHIKIMI, N.; OBA, Y. Lipid peroxides in the mechanism of ingestion of a carbohydrate solution improves 1-h cycle time trial intestinal mucosal permeability. *Am. J. Physiol.*, v. 265, p. G189, 1993a.

_____. Lipid peroxides in the mechanism of ischemia/reperfusion injury in skeletal muscle: experimental studies. *Vasc. Endovascular Surg.*, v. 27, p. 191-201, 1993b.

JENKINS, D. W.; CAUTHON, D. J. Barefoot running claims and controversies: a review of the literature. *J. Am. Pod. Med. Assoc.*, v. 101, p. 231-46, 2010.

JENKINS, J.; BEAZELL, J. Flexibility for runners. *Clin. Sports Med.*, v. 29, n. 3, p. 365-77, 2010.

JENTJENS, R. L. et al. Exogenous carbohydrate oxidation rates are elevated after combined ingestion of glucose and fructose during exercise in the heat. *J. Appl. Physiol.*, v. 100, p. 807-16, 2006.

JOHNSTON, R. E.; QUIN, T. J.; KERTZER, R. Strength training in female distance runners: the impact of running economy. *J. Strength Cond. Res.*, v. 11, n. 4, p. 224-9, 1997.

JONES, A. M.; DOUST, J. H. The conconi test is not valid for estimation of the lactate turn point in runners. *J. Sports Sci.*, London, v. 15, n. 4, p. 385-94, 1997.

JONES, N. L. *Clinical exercise testing*. 4. ed. Philadelphia: WB Saunders Company, 1997.

JUNG, A. P. The impact of resistance training on distance running performance. *Sports Med.*, v. 33, n. 7, p. 539-52, 2003.

JUNG, H. L. et al. Effects of Panax ginseng supplementation on muscle damage and inflammation after uphill treadmill running in humans. *Sports Med.*, v. 27, n. 6, p. 347-58, Jun. 1999.

KAPANDJI, A. I. *Fisiologia articular*. 5. ed. São Paulo: Manole, 1990.

KARVONEN, M. J.; KENTALA, E.; MUSTALA, O. The effects of training on heart rate: longitudinal study. *Ann. Med. Exp. Biol. Fenn.*, v. 35, n. 3, p.307-15, 1957.

KELLERMANN, A. L., Peleg, K. Lessons from Boston. *N. Engl. J. Med.*, v. 23, n. 368, p. 1956-7, 2013.

KERN, M. et al. The effect of medium-chain triacylglycerols on the blood lipid profile of male endurance runners. *J. Nutr. Biochem.*, v. 11, n. 5, p. 288-92, 2000.

KIPPS, C.; SHARMA, S.; PEDOE, D. T. The incidence of exercise-associated hyponatraemia in the London Marathon. *Br. J. Sports Med.*, v. 45, n. 1, p. 14-9, 2011.

KISS, M. A. P. D. M. et al. Validade da velocidade de limiar de lactato de 3,5 mmol x L^{-1} identificada através de teste em pista de atletismo. *Rev. Paul. Edu. Fís.*, São Paulo, v. 9, n. 1, p. 16-26, 1995.

KREIDER, R. et al. ISSN exercise & sport nutrition review: research & recommendations. *J. Int. Soc. Sports Nutr.*, v. 7, p. 7, Feb. 2010.

KUBUKELI, Z. N.; NOAKES, T. D.; DENNIS, S. D. Training techniques to improve endurance exercise performances. *Sports Med.*, v. 32, p. 489-509, 2002.

LEDERMAN, E. *Fundamentos da terapia manual*. São Paulo: Manole, 2001.

LEPERS, R.; STAPLEY, P. J. Age-related changes in conventional road versus off-road triathlon performance. *Eur. J. Appl. Physiol.*, v. 111, n. 8, p. 1687-94, 2011.

LIEBERMAN, D. E. What we can learn about running from barefoot running: an evolutionary medical perspective. *Exerc. Sport Sci. Rev.*, v. 40, n. 2, p. 63-72, 2012.

LOFTIN, M. et al. Energy expenditure and influence of physiologic factors during marathon running. *Strength Cond. Res.*, v. 21, n. 4, p. 1188-91, 2007.

LOPEZ, R. M. et al. Examining the influence of hydration status on physiological responses and running speed during trail running in the heat with controlled exercise intensity. *J. Strength Cond. Res.*, v. 25, n. 11, p. 2944-54, 2011.

MACHADO, A. F. *Corrida*: teoria e prática do treinamento. São Paulo: Ícone, 2009.

_____. *Manual de avaliação física*. São Paulo: Ícone, 2010.

_____. *Bases metodológicas da preparação física*. São Paulo: Ícone, 2011a.

_____. *Corrida*: bases científicas do treinamento. São Paulo: Ícone, 2011b.

MACHADO, C. M. *Eletrotermoterapia prática*. 3. ed. São Paulo: Pancast, 2002.

MACHADO-MOREIRA et al. Hidratação durante o exercício: a sede é suficiente? *Rev. Bras. Med. Esporte*, v. 12, n. 6, nov./dez. 2006.

MAGEE, D. *Avaliação musculoesquelética*. 3. ed. São Paulo: Manole, 2005.

MALATESTA, D. et al. Effect of high-intensity interval exercise on lipid oxidation during postexercise recovery. *Med. Sci. Sports Exerc.*, v. 41, n. 2, p. 364-74, 2009.

MALEK, M. H. et al. Effects of eight weeks of caffeine supplementation and endurance training on aerobic fitness and body composition. *J. Strength Cond. Res.*, v. 20, n. 4, p. 751-5, 2006.

MARGARIA, R. et al. Energy cost of running. *J. Appl. Physiol.*, v. 18, p. 367-70, Mar. 1963.

MARINS, J. C. B; FERNANDEZ, M. D. Comparação da frequência cardíaca por meio de provas com perfil aeróbico e anaeróbico. *Fitness & Performance Journal*, v. 3, n. 3, p. 166-174, 2004.

MARQUES, M. A. C. *O trabalho de força no alto rendimento desportivo*: da teoria à prática. Lisboa: Livros Horizonte, 2005.

MARTIN, P. E. Mechanical and physiological responses to lower extremity loading during running. *Med. Sci. Sports Exerc.*, v. 17, p. 427-33, 1985.

MARTÍNEZ, M. J. Hyponatremia: classification and differential diagnosis. *Endocrinol. Nutr.*, v. 2, p. 2-9, May 2010. Supplement 57.

MATSUDO, S. M. M. *Envelhecimento e atividade física*. Londrina: Midiograf, 2001.

MAUGHAN, R. J.; NADEL, E. R. Temperature regulation and fluid and electrolyte balance. In: MAUGHAN, R. J. (Ed.). *Nutrition in Sport*. London: Blackwell Science, 2000. p. 203-15.

MCARDLE, W. D.; KATCH, F. L.; KATCH, V. L. *Nutrição, exercício e saúde*. 4. ed. Rio de Janeiro: Medsi, 1996.

MCARDLE, W. D. et al. Reliability and interrelationships between maximaloxygen intake, physical work capacity and step-test scores in college women. *Med. Sci. Sports*, v. 4, n. 4, p.182-6, 1972.

MERO, A. Leucine supplementation and intensive training. *Sports Med.*, v. 27, p. 345-58, 1999.

MILLET, G. P. et al. Effects of concurrent endurance and strength training on running economy and VO(2) kinetics. *Med. Sci. Sports Exerc.*, v. 34, n. 8, p. 1351-9, 2002.

MINETTO, M. A. et al. Differential responses of serum and salivary interleukin-6 to acute strenuous exercise. *Eur. J. Appl. Physiol.*, v. 93, p. 679-86, 2005.

MION JR., D. et al. (Coord.). *V Diretrizes Brasileiras de Hipertensão Arterial*. São Paulo: Sociedade Brasileira de Hipertensão; Sociedade Brasileira de Cardiologia; Sociedade Brasileira de Nefrologia, 2006.

MONTAIN, S. J.; SAWKA, M. N.; WENGER, C. B. Hyponatremia associated with exercise: risk factors and pathogenesis. *Exerc. Sport Sci. Rev.*, v. 29, n. 3, p. 113-7, 2001.

MONTEIRO, A. G. *Treinamento personalizado*: uma abordagem didático-metodológica. 3. ed. São Paulo: Phorte, 2006.

MORAES, R. (Ed.). Diretriz de reabilitação cardíaca. *Arqu. Bras. Cardiol.*, v. 84, n. 5, p. 431-40, maio 2005.

MOREIRA, A. et al. Sistema de cargas seletivas no basquetebol durante um mesociclo de preparação: implicações sobre a velocidade e as diferentes manifestações de força. *RBCM*, v. 13, n. 2, p. 7-15, 2004.

MUSAIGER, A. O.; AL-HAZZAA, H. M. Prevalence and risk factors associated with nutrition-related non-communicable diseases in the Eastern Mediterranean region. *Int. J. Gen. Med.*, v. 5, p. 199-217, 2012.

NIELSEN, R. O. et al. Training errors and running related injuries: a systematic review. *Int. J. Sports Phys. Ther.*, v. 7, n. 1, p. 58-75, 2012.

Noakes, T. D. From catastrophe to complexity: a novel model of integrative central neural regulation of effort and fatigue during exercise in humans. *Br. J. Sports Med.*, v. 38, n. 4, p. 511-14, 2004.

Noakes, T. D. et al. The dipsomania of great distance: water intoxication in an Ironman triathlete. *Br. J. Sports Med.*, v. 38, n. 4, p. E16, 2004.

_____. Three independent biological mechanisms cause exercise-associated hyponatremia: evidence from 2,135 weighed competitive athletic performances. *Proc. Natl. Acad. Sci. USA*, v. 102, n. 51, p. 18550-5, 2005.

Nóbrega, A. C. L. et al. Posicionamento oficial da Sociedade Brasileira de Medicina do Esporte e da Sociedade Brasileira de Geriatria e Gerontologia: atividade física e saúde no idoso. *Rev. Bras. Med. Esporte*, Niterói, v. 5, n. 6, nov./dez. 1999.

Nogueira, S. L. et al. Comparação da frequência cardíaca máxima (FCM) calculada por 21 equações e FCM obtida em natação estilo livre. *R. Min. Educ. Fís.*, Viçosa, v. 11, n. 2, p. 242-9, 2002.

Novaes, G. S.; Mansur, H.; Nunes, R. A. M. *Grupos especiais*: avaliação, prescrição e emergências clínicas em atividades físicas. São Paulo: Ícone, 2011.

Nunes, R. A. M. *Reabilitação cardíaca*. São Paulo: Ícone, 2010.

Oldridge, N. et al. Cardiac rehabilitation after myocardial infarction. Combined experience of randomized clinical trials. *JAMA*, v. 260, n. 7, p. 945-50, 1988.

Oliveira, A. L. B.; Sequeiros, J. L. S.; Dantas, E. H. M. Estudo comparativo entre o modelo de periodização clássica de Matveev e o modelo de periodização por blocos de Verhoshanski. *Revista Fitness e Performance*, v. 4, n. 6, p. 358-62, 2005.

Oliveira, V. R.; Kokubun, E. Estudo da variabilidade da frequência cardíaca durante o exercício físico progressivo em jovens e idosos ativos. *Motriz*, Rio Claro, v. 7, n. 1, p. S175, jan./jun. 2001. Suplemento.

Olmedillas, H. et al. Bone related health status in adolescent cyclists. *PLoS One*, v. 6, n. 9, 2011.

OMS – Organização Mundial de Saúde. *The World Health Report 1997*: conquering suffering, enriching humanity. Geneva, 1977. Disponível em: <http://www.who.int/whr/1997/en/>. Acesso em: 10 jan. 2012.

Paffenbarger, R. S. Jr; Blair, S. N; Lee, I. M. A history of physical activity, cardiovascular health and longevity: the scientific contributions of Jeremy N Morris, DSc, DPH, FRCP. *Int. J. Epidemiol.*, v. 30, n. 5, p. 1184-92, Oct. 2001.

Painelli V. S.; Nicastro, H.; Lancha Jr. A. H. Carbohydrate mouth rinse: does it improve endurance exercise performance? *Nutr. J.*, v. 9, p. 33, Aug. 2010.

PALMER, C. D.; SLEIVERT, G. G. Running economy is imparied following a single bout of resistance exercise. *J. Sci. Med. Sport*, v. 4, n. 4, p. 447-59, 2001.

PARK, S. G. et al. Effects of rehydration fluid temperature and composition on body weight retention upon voluntary drinking following exercise-induced dehydration. *Nutr. Res. Pract.*, v. 6, n. 2, p. 126-31, 2012.

PASSE D. et al. Voluntary dehydration in runners despite favorable conditions for fluid intake. *Int. J. Sport Nutr. Exerc. Metab.*, v. 17, n. 3, p. 284-95, June 2007.

PAYNE, D.; KUBES, P. Nitric oxide donors reduce the rise in reperfusion-induced intestinal mucosal permeability. *Am. J. Physiol.*, v. 265, n. 1, p. G189-95, Jul. 1993.

PETERSON, L.; RENSTROM, P. *Lesões do esporte*: prevenção e tratamento. 3. ed. São Paulo: Manole, 2002.

PLATONOV, V. N. *Tratado geral de treinamento desportivo*. São Paulo: Phorte, 2008.

POLLOCK, M. L.; WILMORE, J. H. *Exercícios na saúde e na doença*: avaliação e prescrição para prevenção e reabilitação. 2. ed. Rio de Janeiro: Medsi, 1993.

PONTES, A. L. C.; SOUSA, I. A.; NAVARRO, A. C. O tratamento da obesidade através da combinação dos exercícios físicos e terapia nutricional visando emagrecimento. *RBONE*, São Paulo, v. 3, n. 14, p. 124-35, mar./abr. 2009.

POTTIER, A. et al. Mouth rinse but not ingestion of a carbohydrate solution improves 1-h cycle time trial performance. *Scand. J. Med. Sci. Sports.*, v. 20, n. 1, p. 105-11, Feb. 2010.

POWERS, S. K.; HOWLEY, T. E. *Fisiologia do exercício*: teoria e aplicação ao condicionamento e ao desempenho. 6. ed. São Paulo: Manole, 2009.

REIS, V. A. B.; AZEVEDO, C. O. E.; ROSSI, L. Perfil antropométrico e taxa de sudorese no futebol juvenil. *Rev. Bras. Cineantropom. Desempenho Hum.*, v. 11, n. 2, p. 134-41, 2009.

RICHARDS, C. E.; MAGIN, P. J.; CALLISTER, R. Is your prescription of distance running shoes evidence-based? *Br. J. Sports Med.*, v. 43, n. 3, p. 159-62, 2009.

ROBERGS, R.A; LANDWEHR, R. The surprising history of the "HRmax=220-age" equation. *JEPonline*, v. 5, n. 2, p.1-10, 2002.

ROGERO, M.; TIRAPEGUI, J. Aspectos atuais sobre aminoácidos de cadeia ramificada e exercício físico. *Rev. Bras. Ciênc. Farm.*, São Paulo, v. 44, n. 4, out./dez. 2008.

Rollo, I. et al. The influence of carbohydrate mouth rinse on self-selected speeds during a 30-min treadmill run. *Int. J. Sport Nutr. Exerc. Metab.*, v. 18, n. 6, p. 585-600, 2008.

Rüst, C. A. et al. Body mass change and ultraendurance performance: A decrease in body mass is associated with an increased running speed in male 100-km ultramarathoners. *J. Strength Cond. Res.*, v. 26, n. 6, p. 1505-16, Jun. 2012.

Safran, M. R.; Seaber, A. V.; Garrett Jr., W. E. Warm up and muscular injury prevention: an update. *Sports Med.*, v. 8, p. 239-49, 1989.

Saltin, B. Hemodynamic adaptations to exercise. *Am. J. Cariol.*, v. 55, p. 42-7, 1985.

Sandoval, R. A.; Mazzari, A. S.; De Oliveira G. D. Crioterapia nas lesões ortopédicas: revisão. *Revista Digital Buenos Aires*, ano 10, n. 81, fev. 2005.

Saunders, P. U. et al. Factors affecting running economy in trained distance runners. *Sports Med.*, v. 34, n. 7, p. 465-85, 2004.

SBD – Sociedade Brasileira de Diabetes. Diagnóstico e classificação do diabete melito e tratamento do diabete melito tipo 2. Recomendações da Sociedade Brasileira de Diabetes. *Arq. Bras. Endocrinol. Metab.*, v. 44, n. 4, p. S8-S35, 2000. Suplemento 1.

_____. *Atualização brasileira sobre diabetes*. Rio de Janeiro: Diagraphic, 2005.

SBH – Sociedade Brasileira de Hipertensão. *V Diretrizes Brasileiras de Hipertensão Arterial*. 2006. Disponível em: <http://publicacoes.cardiol.br/consenso/2006/VDiretriz-HA.pdf>. Acesso em: 24 mar. 2014.

Seals, D.; Reiling, M. Effect of regular exercise on 24-hr arterial pressure in older hypertensive humans. *Hypertension*, v. 18, p. 583-92, 1991.

Sequeiros, J. et al. Estudo sobre a fundamentação do modelo de periodização de Tudor Bompa do treinamento desportivo. *F&P J*, Rio de Janeiro, v. 4, n. 6, p. 341-7, 2005.

Silva Jr., A. M.; Xavier, W. D. R.; Marins, J. C. B. Comparação da frequência cardíaca obtida com a frequência cardíaca calculada por diversas fórmulas em exercício de cicloergômetro. *R. Min. Educ. Fís.*, Viçosa, v. 11, n. 2, p. 253-9, 2002.

Sociedade Brasileira de Medicina do Exercício e do Esporte. Modificações dietéticas, reposição hídrica, suplementos alimentares e drogas: comprovação de ação ergogênica e potenciais riscos para a saúde. *Rev. Bras. Med. Esporte*, Niterói, v. 15, n. 3, maio/jun. 2009.

Souchard, P. E. *RPG*: fundamentos à reeducação postural global – princípios e originalidade. São Paulo: É Realizações, 2003.

Speedy, D. B. et al. Exercise-induced hyponatremia in ultradistance triathletes is caused by inappropriate fluid retention. *Clin. J. Sport Med.*, v.10, n. 4, p. 272-8, Oct. 2000.

_____. Hyponatremia in ultradistance triathletes. *Med. Sci. Sports Exerc.*. v. 31, n. 6, p. 809-15, June 1999.

Spirduso, W. W. *Dimensões físicas do envelhecimento*. São Paulo: Manole, 2005.

Stacoff, A. et al. Effects of shoe sole construction on skeletal motion during running. *Med. Sci. Sports Exerc.*, v. 33, n. 2, p. 311-9, 2001.

Taipale, R. S. et al. Strength training in endurance runners. *Int. J. Sports Med.*, v. 31, n. 7, p. 468-76, 2010.

Tanaka, H.; Monahan, K. D.; Seals, D. R. Age-predicted maximal heart rate revisited. *J. Am. Coll. Cardiol.*, v. 37, n. 1, p. 153-6, 2001.

Timerman, S.; Ramires, J. A. F. Morte súbita - aspectos epidemiológicos. *Rev. Soc. Cardiol. Est. São Paulo*, v. 16, n. 1, p. 8-23, 2006.

Tremblay, A.; Simoneau, J. A.; Bouchard, C. Impact of exercise intensity on body fatness and skeletal muscle metabolism. *Metabolism*, v. 43, n. 7, p. 814-8, 1994.

Trilk, J. L. et al. Effect of sprint interval training on circulatory function during exercise in sedentary, overweight/obese women. *Eur. J. Appl. Physiol.*, v. 111, n. 8, p. 1591-7, 2011.

Van Gent, R. N. et al. Incidence and determinants of lower extremity running injuries in long distance runners: a systematic review. *Br. J. Sports Med.* v. 41, p. 469-807, 2007.

Van Hall, G. et al. Skeletal muscle substrate metabolism during exercise: methodological considerations. *Proc. Nutr. Soc.*, v. 58, n. 4, p. 899-912, Nov. 1999.

Verkhoshansky, Y. V. Problemas atuais da metodologia do treino desportivo. *Revista Treinamento Desportivo*, v. 1, n. 1, p. 33-45, 1996.

Vimieiro-Gomes, A. C.; Rodrigues L. O. C. Avaliação do estado de hidratação dos atletas, estresse térmico do ambiente e custo calórico do exercício durante sessões de treinamento em voleibol de alto nível. *Revista Paulista de Educação Física*, v. 15, n. 2, p. 201-11, 2001.

Weineck. J. *Treinamento ideal*. 9. ed. São Paulo: Manole, 1999.

WHITHAM, M.; McKINNEY, J. Effect of a carbohydrate mouthwash on running time-trial performance. *J. Sports Sci.*, v. 25, p. 1385-92, 2007.

WHO – WORLD HEALTH ORGANIZATION. *Diet and physical activity*: a public health priority. 2012. Disponível em: <http://www.who.int/dietphysicalactivity/en/>. Acesso em: 6 mar. 2012.

_____. *Obesity*: preventing and managing the global epidemic. Report of WHO Consultation on Obesity. Geneva: World Health Organization, 1997.

WILK, B.; TIMMONS, B. W.; BAR-OR, O. Voluntary fluid intake, hydration status, and aerobic performance of adolescent athletes in the heat. *Appl. Physiol. Nutr. Metab.*, v. 35, n. 6, p. 834-41, Dec. 2010.

WILLEMS, T. M. et al. Gait-related risk factors for exercise-related lower-leg pain during shod running. *Med. Sci. Sports Exerc.*, v. 39, p. 330-9, 2007.

WILLIAMS, J. et al. Hydration strategies of runners in the London Marathon. *Clin. J. Sport Med.*, v. 22, n. 2, p. 152-6, 2012.

WILMORE, J.; COSTILL, D. *Fisiologia do esporte e do exercício*. 2. ed. São Paulo: Manole, 2001.

WILT, F. H. The acceleration of ribonucleic acid synthesis in cleaving sea urchin embryos. *Dev. Biol.*, v. 23, n. 3, p. 444-55, 1970.

WITVROUW, E. Stretching and injury prevention: an obscure relationship. *Sports Medicine*, v. 34, n. 7, p. 443-9, 2004.

ZAGURY, L. (Ed.). *Atualização brasileira sobre diabetes*. Rio de Janeiro: Diagraphic, 2005.

ZAINUDDIN, Z. et al. Effects of massage on delayed onset muscle soreness, swelling, and recovery of muscle function. *J. Athl. Train.*, v. 40, n. 3, p. 174-80, 2005.

ZAKHAROV, A. *Ciência do treinamento desportivo*. Rio de Janeiro: Grupo Palestra, 1992.

ZATSIORSKY, V. M. *Ciência e prática do treinamento de força*. São Paulo: Phorte, 1999.

Sobre o Livro
Formato: 17 x 24 cm
Mancha: 13 x 19,6 cm
Papel: offset 75 g
Tiragem: 2.000 exemplares
nº de páginas: 200
1ª edição: 2014

 Este livro segue o novo Acordo Ortográfico da Língua Portuguesa

Equipe de Realização
Assistência editorial
Liris Tribuzzi

Assessoria editorial
Maria Apparecida F. M. Bussolotti

Edição de Texto
Gerson Silva (Supervisão de revisão)
Fernanda Fonseca (Preparação do original e copidesque)
Márcio dos Anjos e Gabriela Teixeira (Revisão)

Editoração Eletrônica
Neili Dal Rovere (Projeto gráfico, capa e diagramação)
Douglas Docelino e Ricardo Howards (Ilustrações)

Impressão
Gráfica Vida & Consciência